GARY S. T

CÓMO
DESARROLLAR
A SU
EQUIPO

GERENTE POR PRIMERA VEZ

GRUPO NELSON
Una división de Thomas Nelson Publishers
Desde 1798

NASHVILLE   DALLAS   MÉXICO DF.   RÍO DE JANEIRO   BEIJING

© 2008 por Grupo Nelson
Publicado en Nashville, Tennessee, Estados Unidos de América.
Grupo Nelson, Inc. es una subsidiaria que pertenece
completamente a Thomas Nelson, Inc.
Grupo Nelson es una marca registrada de Thomas Nelson, Inc.
www.gruponelson.com

Título en inglés: *The First-Time Manager's Guide to Team Building*
by Gary S. Topchik. © 2007 Silverstar Enterprises. Published by AMACOM,
a division of the American Management Association, International, New York.
All rights reserved.

Traducción: *Israel Gualtero Galeano*
Tipografía: *Grupo Nivel Uno*

ISBN: 978-1-60255-126-8

Impreso en Estados Unidos de América

08 09 10 11 12 RRD 9 8 7 6 5 4 3 2 1

Contenido

Reconocimientos

Nuestros equipos de trabajo nos hacen quedar bien y nos ayudan a alcanzar el éxito. Conté con el apoyo de magníficos equipos mientras escribía este libro. Me gustaría expresarle mis más sinceros agradecimientos al equipo de AMACOM, especialmente a Adrienne Hickey, directora editorial. Este es el cuarto libro en que AMACOM y yo hemos trabajado juntos, y me siento honrado por ser parte de este equipo.

También quisiera expresar mi gratitud al equipo de mi hogar por apoyarme y animarme a escribir este otro libro. Luego están Alexandra y su equipo en University of South California. Me siento inmensamente agradecido con ellos. También agradezco al pueblo de Eygaliers; allí conocí una gente muy maravillosa mientras escribía este libro, fueron una fuente de verdadera inspiración. Por último, debo un reconocimiento a todos los grandes administradores de las múltiples organizaciones en que he trabajado y asesorado durante muchos años. Ellos son los que me han mostrado, a través de sus increíbles destrezas de administración y liderazgo, lo que se necesita verdaderamente para formar un equipo.

—GST

Introducción

Existen muchos gestores que no han reconocido las grandes ventajas de la formación de equipos. Ellos se ven a sí mismos, y no a los miembros de su equipo, como la parte más importante, los más entendidos y los encargados de tomar las decisiones. Este libro no apoya esa filosofía. Su meta principal es mostrarle a usted cómo los equipos de alto desempeño pueden significar una tremenda ventaja para su director, su formador, sus miembros y su propia organización.

Gerente por primera vez: Cómo desarrollar a su equipo le mostrará cómo crear y mantener un equipo potente, orientado a los resultados y que lleve a cabo el trabajo. Usted desarrollará las destrezas necesarias para convertirse en un exitoso administrador de equipos y descubrirá formas innovadoras de hacer que sus equipos de trabajo sean más productivos. *Gerente por primera vez: Cómo desarrollar a su equipo* comienza con una descripción de lo que es un equipo de trabajo, compara los cuatro modelos diferentes de equipo y le dice cómo puede llevarlos a los más altos niveles de rendimiento. Luego le explica cómo puede pasar exitosamente de ser un colaborador individual a un jefe de equipos desarrollando una nueva serie de destrezas y evitando los obstáculos que surjan a lo largo del camino. Luego le dirige a través de diez pasos cruciales para formar equipos. Estos pasos, de ser seguidos, le garantizarán un éxito inmediato en sus esfuerzos por formarlos.

Este libro le explica luego cómo puede desarrollar un espíritu de equipo mediante el enfoque en las cinco competencias que posee todo equipo de alto rendimiento: roles y responsabilidades claras; comunicación franca y honesta; un líder o administrador experto y que brinda apoyo; autoridad para tomar decisiones; y recompensas y reconocimiento. También conocerá muchas estrategias nuevas para manejar situaciones difíciles, tales como responsabilizar a los equipos y a sus miembros, tratar a individuos con personalidades difíciles dentro de un equipo, y hacer que pase del conflicto a la colaboración. Este libro además contiene muchas actividades para la formación de equipos tales como el juego de la originalidad, el cuadrado ciego y la temperatura del equipo. Estas actividades desarrollan un ambiente y una cultura de equipo que lo facultan para desempeñarse al nivel más alto posible. El libro concluye con cómo puede uno formar sus equipos.

Gerente por primera vez: Cómo desarrollar a su equipo está escrito en un estilo conversacional, fácil de seguir y de absorber sus ideas. Cuenta con muchos ejemplos prácticos y estudio de casos que resaltan los puntos que se están exponiendo. Hallará que es fácil consultar áreas específicas cuando surjan preocupaciones concretas en el futuro. Le recomiendo encarecidamente que vuelva a leer este libro unos meses después de que empiece a formar sus equipos. Y, por favor, compártalo con sus colegas para que también puedan formar sus equipos.

Gerente por primera vez: Cómo desarrollar a su equipo también es muy valioso para administradores de equipos experimentados. Les recordará lo que hacían, lo cual posiblemente tengan que volver a hacer, o les confirmará si lo que están haciendo en la actualidad es acertado. Pero nuestra atención se centrará en el administrador o líder de equipo sin experiencia.

Existen muchos libros en cuanto al tema de la formación de equipos, pero pocos se enfocan en individuos como usted, nuevos en la gestión y en la formación de un equipo. Los administradores inexpertos no están interesados en teorías y estudios; sino que desean concentrarse en el aspecto práctico de la formación de un equipo de buen desempeño. Ese es el enfoque de este libro.

Mi propósito principal al escribir este libro es brindarle la gran satisfacción de formar sus equipos. Gracias por dedicar tiempo a *Gerente por primera vez: Cómo desarrollar a su equipo.*

PRIMERA PARTE

EL EQUIPO

PRIMERA PARTE

EL EQUIPO

1

LA MEJOR EXPERIENCIA
DE EQUIPO

NORMALMENTE COMIENZO MIS sesiones y seminarios de formación de equipos con un excelente ejercicio que establece con exactitud qué es lo que contribuye a tener un equipo verdaderamente bueno. Les asigno a los individuos presentes (los cuales son en su mayoría administradores y líderes de equipo en ejercicio o próximos a asumir esos roles) la siguiente tarea: Piensen en el mejor equipo en que alguna vez hayan trabajado, o estén trabajando, o si desafortunadamente no se aplica ninguno de los dos casos anteriores, imagínense uno.

Un par de minutos más tarde, después de que han pensado en la asignación, les hago esta pregunta: ¿Qué es lo que contribuyó, o contribuye, o en el caso del equipo imaginario, que contribuiría a tener un equipo tan fabuloso?

Normalmente obtengo una gran cantidad de respuestas, y siempre se relacionan con lo que los administradores sin experiencia necesitan hacer para formar sus propios equipos de alto rendimiento. Existen ciertas características y comportamientos que se repiten una vez tras otra. La lista generalmente se ve así:

Características y comportamientos de las mejores experiencias de equipo

- Un equipo con la gente precisa
- Un gran líder o jefe de equipo que realmente se preocupe por este

11

- Diversión, los miembros disfrutan del compañerismo y de la experiencia de equipo
- El equipo disfruta del trabajo a su cargo
- Meta o metas comunes claramente definidas
- Métodos para medir los éxitos o los resultados
- Se cumplen las metas del equipo
- Se celebran los logros
- Recompensas y reconocimiento cuando se alcanzan o exceden las metas
- Responsabilidad por el desempeño
- Roles y responsabilidades claramente definidos para cada miembro del equipo
- Se cuenta con estrategias para lidiar con los miembros difíciles del equipo
- Capacidad para tomar decisiones libremente
- Instrucciones claras y plazos de tiempo concretos
- Disponibilidad de los recursos necesarios para el éxito
- Comunicación franca y sincera entre los miembros del equipo y entre el jefe o administrador y el equipo
- Un líder o administrador de equipo que gestiona entre departamentos diferentes para obtener lo que necesita su equipo
- Una visión de cómo se relacionan las metas del equipo con las metas organizacionales
- Apoyo mutuo entre los miembros del equipo
- Un líder de equipo que enseñe a sus miembros a trabajar en equipo
- Interdependencia

Cuando pregunto a los asistentes a mis seminarios en qué equipos específicos estaban pensando cuando les pedí que recordaran su mejor experiencia de equipo, recibo una gran variedad de respuestas. Al parecer estas mejores experiencias de equipo existen en cada sector de la industria, en organizaciones con y sin fines de lucro, en instituciones gubernamentales y en todas partes del mundo. A veces se trata de equipos deportivos o equipos enfocados en la comunidad.

Sin embargo, debo presentar aquí dos notas tristes en cuanto a este ejercicio del mejor equipo. En primer lugar, cerca del veinte por ciento de las respuestas a mi pregunta inicial tienen que ver con un equipo imaginario. Lamentablemente, existen muchos administradores y líderes de equipo que no han tenido ninguna experiencia que pudieran llamar la mejor. ¡Espero que eso cambie cuando administren sus propios equipos! En segundo lugar, la mayoría de las personas han tenido más malas experiencias de equipo que buenas, y han tenido más malos líderes y directores de equipo que buenos. También es interesante notar que cuando hago la pregunta al contrario (a veces lo hago): «Piensen en las peores experiencias de equipo», recibo respuestas contrarias a la lista anterior de características y comportamientos de las mejores experiencias de equipo.

Desarrolle un espíritu de equipo

La definición de un espíritu de equipo es muy cercana a la de lo que es el equipo. El espíritu de equipo es la disposición y la capacidad de trabajar de un modo interdependiente, en el cual cada miembro depende de los demás para llevar a cabo el trabajo o las metas conjuntas. Con el transcurso de los años, he llevado este ejercicio de la mejor experiencia de equipo un paso más allá. Le he pedido a un sinnúmero de personas que seleccionen cinco elementos de la lista de características y comportamientos de las mejores experiencias de equipo que en su concepto son las más importantes o de mayor prioridad para formar un equipo. De manera constante recibo estas cinco, pero no en un orden particular:

1. Roles y responsabilidades claramente definidas para cada miembro del equipo
2. Comunicación franca y sincera entre los miembros del equipo y entre el jefe o administrador y el equipo
3. Un administrador/líder experto y que brinda apoyo
4. Capacidad para tomar decisiones libremente
5. Recompensas y reconocimiento cuando se alcanzan o exceden las metas

Estos cinco elementos están entre los más importantes para desarrollar un espíritu de equipo, el cual a su vez forma un equipo de alto desempeño.

Entonces, una pregunta muy importante que deben hacerse los gestores sin experiencia o con ella es: ¿Predominan en mis equipos estas cinco características del espíritu de equipo? Si no, ¿qué puedo hacer para asegurarme de que así sea?

2

DEFINICIÓN DE UN EQUIPO DE TRABAJO

Definición de un equipo de trabajo

Los equipos de trabajo son grupos de individuos que mediante la labor interdependiente cumplen con objetivos designados, comunicándose en forma eficaz, y tomando decisiones que afectan dicha obra. Normalmente cuentan con cierto nivel de autonomía y desarrollan procesos para el logro de sus metas. La capacitación continua, tanto en las capacidades técnicas como de equipo, también es un distintivo de un equipo de trabajo, como lo es la capacitación del líder o el jefe en cuanto a la administración y dirección de un equipo.

Los equipos de trabajo tienen un propósito o meta común y una declaración clara de la misión de dicho propósito. Ellos saben cuáles son los resultados que desean y pueden medir su avance hacia esas metas. Las metas de un equipo están alineadas con las de todo el departamento o la organización, y los miembros del equipo tienen un entendimiento y una noción muy clara de cómo sus esfuerzos cumplen las metas más amplias de la organización.

Tamaño del equipo de trabajo

No existe un tamaño ideal para un equipo, pero en términos generales (y siempre hay muchas excepciones) los equipos más exitosos del lugar de trabajo tienden a tener entre cinco y diez personas. Cuando un equipo es demasiado pequeño, no cuenta con suficiente personal para llevar a cabo el trabajo. Cuando un equipo es demasiado grande, la comunicación y la toma de decisiones son difíciles. Imagínese a un grupo de doce a quince amigos suyos tratando de decidir dónde ir a cenar. Lo mismo sucede con equipos de trabajo demasiado grandes a la hora de discutir asuntos para tomar decisiones. Los equipos de trabajo más grandes tienden a dividirse de forma natural o son divididos a propósito en grupos menores o subgrupos. Eso incrementa el tiempo empleado para comunicarse, tomar decisiones y llevar a cabo el trabajo.

Equipos permanentes y equipos de proyectos

Hay dos grandes clases de equipos: los permanentes y los de proyectos. Los miembros de un equipo permanente continúan juntos indefinidamente. La gente que trabaja en un mismo departamento o unidad, tal como una administradora y su personal, son ejemplo de ello. En la mayoría de las empresas uno tiene muchos equipos permanentes, como el de informática, el de estudio de mercadeo y el de cuentas por pagar.

Los equipos de proyectos, por otro lado, son creados con un propósito particular. Normalmente se disuelven una vez que cumplen su misión. Con frecuencia los equipos de proyectos son interdisciplinarios; es decir, sus miembros proceden de diferentes sectores de funcionamiento de la organización. Por ejemplo, si una organización desea mejorar su flujo de trabajo en cinco departamentos diferentes, probablemente los miembros de tal equipo procedan de cada uno de esos cinco departamentos al igual que de otros sectores de la empresa, como ingeniería, recursos humanos o cambio y desarrollo organizacional.

Los equipos permanentes comúnmente tienen miembros de un mismo estatus o rango, a excepción del director, que está en un nivel superior. Con frecuencia esto es muy diferente en los equipos de proyectos. He conocido algunos de estos integrados por individuos de muchos niveles distintos. No sería inusual tener un par de vicepresidentes en un equipo junto con otras personas cuyo cargo sea dos o tres niveles inferior. Siempre me han parecido fascinantes esas mezclas. He visto programadores o investigadores, por ejemplo, asesorando a administradores antiguos en cuanto al trabajo que hay que hacer. Debido a que esos administradores antiguos no saben tanto de asuntos técnicos específicos, tienen que depender de los miembros de su equipo. Así es como debería funcionar un equipo. El conocimiento y la experiencia deberían valorarse más que los títulos.

Muchos beneficios

Existen incontables beneficios al tener equipos o una organización basada en ellos. Permítanme mencionar unos pocos. Primero, la mayoría de las personas prefieren trabajar en equipos y, si tienen la oportunidad de hacerlo, tendrán un mejor desempeño. Segundo, los individuos que integran equipos encuentran su trabajo más significativo y gratificante que aquellos que no. Tercero, los equipos permiten que las organizaciones usen mejor su personal, el recurso número uno, obteniendo así mayores beneficios a cambio de su inversión en equipos. Cuarto, muchos equipos se vuelven tan eficaces que pueden trabajar sin apoyo gerencial directo. Este sentido de autonomía es un elemento motivador increíble para muchos miembros de equipo. Quinto, a veces un equipo se puede volver tan efectivo que compensa la ineficiencia de su jefe o administrador. Sexto, los equipos tienen el poder de la sinergia o funcionamiento coordinado; es un hecho comprobado que los equipos generalmente toman mejores decisiones que los individuos. Esto se traduce en soluciones mejores y más innovadoras para los problemas. En general, estas son algunas razones muy fuertes a favor de tener equipos de trabajo.

¿Quién debe ser el líder del equipo?

Algunas organizaciones ponen un experto en la materia (EEM) a cargo de un equipo, alguien que tiene el conocimiento técnico pero no necesariamente las destrezas de liderazgo de equipo. Por destrezas de liderazgo de equipo quiero decir la capacidad de comunicar bien, motivar a la gente, facilitar discusiones, tomar decisiones, resolver conflictos, saber escuchar, saber tratar con miembros difíciles, etc. Un gran error que cometen a menudo esas organizaciones es depender de las capacidades técnicas de una persona para dirigir y administrar un equipo. Estas definitivamente no son suficientes. Es igual de importante, e incluso a veces más, que el administrador tenga grandes destrezas de manejo de equipos también.

Lo mismo es cierto en cuanto a administradores sin experiencia que puedan haber sido ascendidos por sus capacidades técnicas y no por sus destrezas de equipo. Simplemente por el hecho de que sean buenos a nivel técnico no significa que serán buenos líderes de equipo o formadores de equipos.

Una tendencia en boga en muchas organizaciones hoy día, es asignar o emplear individuos con grandes dotes administrativas, de liderazgo y de equipo y hacer que adquieran el conocimiento técnico con el transcurso del tiempo. En general, creo que es un buen método. Sin embargo, la cultura organizacional y los miembros del equipo deben valorar esas destrezas y no creer que la única forma en que uno puede ser director o líder de equipo muy bueno, es siendo igual o más competente a nivel técnico que los miembros de su equipo.

¿Quiénes deben integrar el equipo?

Lo contrario a lo que acabo de decir acerca de los líderes de equipo también es cierto en cuanto a los miembros de un equipo. A la hora de formar uno, especialmente uno de proyecto, las capacidades, el conocimiento y la experiencia de los individuos deben constituir la pauta número uno para seleccionar sus miembros. Luego, será responsabilidad del administrador, del líder del equipo o la organización ayudar a desarrollar las aptitudes de equipo de cada miembro a través de programas de capacitación en formación de equipos. Nunca ponga personas en un equipo simplemente porque simpaticen entre sí, se lleven bien, tengan personalidades similares o porque quiera tener una variedad de personalidades. Ese método muy probablemente fracasará.

He aquí una historia verdadera que ilustra este punto. Yo trabajaba en una empresa en la que el director ejecutivo acababa de regresar de un programa de liderazgo ejecutivo que le tomó dos semanas. Como parte del programa, participó en un test particular de personalidad e inmediatamente se convirtió en un adepto de él. Al regresar a su empresa, hizo que cada empleado (unos 300) tomara el test. Luego reorganizó todos los equipos para que cada uno tuviera al menos una persona de cada estilo o tipo de personalidad en él. La estrategia del director ejecutivo resultó todo un desastre. Muchos de los equipos ya no contaban con los expertos en la materia (EEM) necesarios para llevar a cabo el trabajo, a pesar de tener una variedad de personalidades y estilos de comportamiento. La productividad y la rentabilidad se fueron a pique.

No quiero dar la impresión de que otros factores, aparte del tema de la pericia profesional, sean irrelevantes a la hora de contratar personal o asignarles a equipos. Hay otros factores, especialmente la experiencia de trabajo con equipos y la actitud hacia ellos, que son decisivos. Sólo estoy diciendo nuevamente, y es un punto importante, que el conocimiento, la pericia profesional y la capacidad en el tema de los equipos deben ser de máxima prioridad. Definitivamente uno debería hacer ciertas preguntas antes de contratar personal o asignarles a un equipo. Si alguien dice que prefiere trabajar solo o que no ve el valor del trabajo en equipo, entonces si depende de usted, no ponga a esa persona en un equipo de trabajo ni la emplee en una empresa que valore los equipos.

Realmente ¿está administrando un equipo?

Un grupo de personas que trabajan juntas no necesariamente constituyen un equipo si no encajan en la definición de este, especialmente la parte principal en cuanto a trabajar en forma interdependiente. A menudo, la gente que trabaja en el mismo grupo de trabajo, unidad, departamento, etc., se denominan a sí mismos como equipo, a pesar de que su interacción no encaje en tal definición. Desarrollar un equipo, en el sentido pleno de la palabra, es un trabajo muy difícil y dicha responsabilidad recae sobre la organización, el administrador o líder, así como en los miembros del equipo mismo.

3

LOS CUATRO MODELOS
DE EQUIPO

Hay cuatro formas diferentes en que usted puede estructurar, organizar y administrar sus equipos. Estas cuatro formas o modelos de equipo tienen estilos diferentes de comunicación y de toma de decisiones. Como gerente sin experiencia, usted debe decidir cuál modelo se adapta mejor a la gente que está a su cargo, a la naturaleza del trabajo y a la cultura de su organización. Antes de dar una mirada a los cuatro modelos, discutamos brevemente los tres factores que determinan el mejor método para crear un equipo.

Los tres factores de la vida de equipo

Existen tres factores principales que debe considerar a la hora de decidir cómo estructurar la comunicación y la toma de decisiones en su equipo. El primero y más importante es la pericia profesional actual de los miembros de su equipo. ¿Están altamente o moderadamente preparados, o no tienen ninguna capacidad técnica? ¿A qué grado pueden aprender y desarrollarse? ¿Pueden trabajar solos o en forma interdependiente con otros, o necesitan mucha dirección y capacitación de usted? También debe observar su nivel actual de destrezas de equipo, llamadas a veces destrezas interpersonales. ¿Pueden comunicarse eficazmente con otros, escuchar puntos de vista diferentes, motivarse mutuamente, llegar a una decisión de consenso y tratar con miembros del equipo que desafían los procesos de grupo o no hacen su parte? ¿O tiene usted que encargarse de todas o la mayoría de estas áreas?

El segundo factor de la vida de equipo es la naturaleza de su labor. Algunas clases de trabajo se prestan más a un tipo de modelo de equipo que a otro. Por ejemplo, en ciertos ambientes laborales, cada miembro del equipo tal vez deba hacer una tarea específica en forma independiente. O, debido a la naturaleza del trabajo, cada miembro del equipo tal vez tenga que tomar sus propias decisiones sin consultar a ninguno de los demás compañeros. En otros entornos laborales puede suceder lo contrario: para alcanzar una meta los miembros del equipo deben trabajar con otros o necesitan de la ayuda y asistencia de otros. Ahí es donde entra en juego la interdependencia.

El último factor que hay que considerar, antes de decidir cuál modelo de equipo sería mejor para usted, es la cultura de su organización o departamento. Algunas organizaciones o departamentos estimulan la comunicación de doble vía entre los administradores y los miembros de su equipo. Desean que los administradores les pidan a los miembros del equipo sus puntos de vista y opiniones, y ellos respetan y valoran dichas opiniones. Ven a los miembros de su equipo como una parte integral a la hora de decidir qué hay que hacer para tener éxito.

Otras organizaciones se comunican de un modo piramidal, en el cual los administradores toman las decisiones. En dichas culturas se espera que los miembros del equipo hagan su trabajo y que lo hagan bien, pero no se espera que participen mucho en la toma de decisiones. A los administradores les gusta dirigir los asuntos y ese mensaje se comunica constantemente a los miembros de su equipo. Obviamente, muchas organizaciones se encuentran en algún punto entre estos dos extremos, desde ambientes de trabajo muy participativos hasta los muy controladores.

Un gran factor para trabajar bien dentro de la cultura de una organización es tomar en cuenta la filosofía y las creencias en cuanto a equipos de trabajo que tiene el gerente inmediato. A menudo este puede tener un enfoque un tanto diferente al de la organización. Hay que estar muy al tanto de eso. Para tener éxito en su nuevo rol necesita saber qué espera el supervisor de usted.

Los tres factores de la vida de equipo están estrechamente interrelacionados. Uno no puede considerar uno sin los otros dos. Permítame mencionarle un ejemplo muy común de lo que quiero decir.

El caso de factores incongruentes en la vida de equipo

Digamos que usted tiene un equipo altamente capacitado a nivel técnico y que domina las aptitudes de equipo también. La naturaleza de los proyectos del equipo exige que sus miembros trabajen en forma interdependiente. Hasta el momento espero que esté pensando en que sí puede tener un equipo de alto desempeño. Digamos que tiene uno que básicamente puede trabajar solo, con poca dirección y apoyo de su parte.

Sin embargo, la cultura de su organización básicamente exige que los gestores tomen las decisiones y supervisen muy de cerca el trabajo de todos los miembros del equipo. Entonces ¿qué haría en este caso, en el cual se presenta incongruencia en los tres factores de la vida de equipo?

En este ejemplo hay que tomar en cuenta el ambiente en que usted trabaja. Uno no puede ir completamente en contra de la cultura de la organización si quiere ser exitoso en ella. Sin embargo, debe haber alguna manera de propugnar una estrategia administrativa diferente, siempre y cuando obtenga los resultados que exige la organización. Como líder de su equipo debe tratar de convencer a la junta directiva de que lo que usted piensa que es mejor para su equipo también lo sería para la organización. Uno de los aspectos más difíciles de manejar personas y equipos, y crear equipos de alto desempeño es no contar con todos los tres factores de la vida de equipo alineados o en concordancia.

¿Cuál es el factor más importante de los tres?

Estoy seguro que a estas alturas usted estará bien consciente de la necesidad de tener en cuenta la naturaleza del trabajo que hace su equipo, la cultura de la organización y la pericia de sus miembros. Sin embargo, muchos administradores sin experiencia sólo se concentran en lo último. Por un lado eso podría representar un gran problema, pero por el otro, es correcto hacerlo. El factor más importante para desarrollar un equipo y llevarlo a su más alto nivel de desempeño posible generalmente es el nivel actual de pericia de sus integrantes. Idealmente, este factor, más que los otros dos, determina el enfoque que usted elige para la formación de equipos. Pero definitivamente no debemos olvidar los otros dos.

Descripción de los cuatro modelos de equipo

A medida que lea las descripciones de los cuatro modelos de equipo, piense en el o los que actualmente está dirigiendo o dirigirá en el futuro. ¿Cuál es el modelo que más se acerca a los suyos? ¿Es el mejor modelo para la situación actual de su equipo? ¿No sería más eficaz un modelo diferente? Y tenga en cuenta los tres factores de la vida de equipo a la hora de decidir cuál modelo funciona mejor para usted.

El grupo de trabajo

Dennis es un administrador nuevo en una gran compañía productora de circuitos integrados en la ciudad de Austin. Él vino de otra empresa de circuitos integrados y asumió este cargo hace apenas unos meses. Recibió un grupo de seis personas a su cargo. Dennis nunca antes había gestionado pero deseaba trabajar con ese grupo.

Dennis le asigna a cada persona responsabilidades específicas y se reúne semanalmente por separado con cada miembro para seguir su progreso. También lleva a cabo reuniones de actualización con todo el grupo, allí comparte información nueva y responde preguntas. Dennis toma las decisiones y los miembros del grupo las aceptan. No ha habido quejas hasta el presente. Dennis se considera a sí mismo muy afortunado con su grupo y disfruta de su trabajo como gestor de ellos. Los miembros del grupo simpatizan unos con otros y tienen pocos conflictos entre sí. No obstante, tienen una interacción muy limitada durante las horas de trabajo. Cada miembro tiene sus propios productos por lo que la comunicación relacionada con el trabajo casi siempre es sólo con Dennis. Él le pidió a la junta directiva que le dieran sus impresiones en cuanto a cómo iba y todos respondieron favorablemente.

El equipo en desarrollo

Reilly es una nueva gerente de ventas a cargo de una línea de productos industriales que se emplean en la industria de las herramientas. La región a su cargo es el sur oriente de Estados Unidos, y tiene diez representantes de ventas directamente a cargo de ella. Ella fue ascendida del grupo de representantes de ventas, y sus anteriores colegas ahora integran su equipo. A ellos les tomó varios meses para sobreponerse al cambio, pero ahora aceptan sin reservas a Reilly como jefa. Reilly les pidió a los miembros de su equipo que expresaran cómo se sentían en cuanto a que ella asumiera el liderazgo y cuán difícil era ese cambio para ellos. También les explicó cómo pensaba dirigir el equipo y qué expectativas tenía. Para hacer que este cambio funcionara, Reilly también tuvo que cambiar su propia perspectiva. Tuvo que identificarse con que ahora era gerente y no volver a verse a sí misma como una de los representantes de ventas.

Cada uno de los representantes de ventas de Reilly tiene a su cargo su propia área geográfica. Reilly se comunica con ellos al menos dos o tres veces al día para ver cómo siguen, para prevenir cualquier problema potencial, y para aconsejar y dar sugerencias. Ella siempre escucha sus preocupaciones e ideas. Una vez al mes, los representantes de ventas y Reilly se reúnen en persona. A veces, debido a conflictos de horario, no todos pueden reunirse cara a cara. Cuando ocurre eso, Reilly realiza una reunión virtual.

En sus reuniones, Reilly presenta nuevas directrices de los altos cargos. Decide antes de la reunión cómo implementar dichas directrices, pero antes de declarar cómo piensa hacerlo, pide las sugerencias de sus representantes de ventas. Si obtiene una idea verdaderamente buena que difiera de la suya, está dispuesta a cambiar.

Los representantes de ventas se ayudan mutuamente con registros de clientes y ventas particulares o estrategias de servicio al cliente que les hayan servido. Hacen eso por su cuenta, sin involucrar a Reilly.

Reilly obtuvo la aprobación de la vicepresidencia para llevar a cabo unas sesiones de formación de equipos con sus representantes de ventas. En dichas sesiones, Reilly hablará de lo que significa trabajar en un equipo y la importancia del trabajo en equipo. También ayudará a los miembros de su equipo a adquirir las destrezas que les ayuden a depender más de los demás y menos de ella. En la actualidad, Reilly está tomando una capacitación externa sobre dirección de equipos y la dinámica del trabajo en equipo.

Reilly cree que va bien con su equipo y disfruta de su nuevo cargo directivo. Los miembros de su equipo y la vicepresidencia la calificaron muy bien en una reciente evaluación de 360 grados del desempeño que la compañía realiza dos veces al año.

El equipo participativo

Leticia es una administradora sin experiencia de una firma asesora para diseño de empaques de Seattle. Antes de llegar a Seattle, trabajaba como especialista de diseño en Francia. Su empresa actual ayuda a otras compañías a diseñar o rediseñar los empaques para sus productos. Ella administra un equipo de siete miembros altamente calificados y motivados que han tenido previa experiencia de equipo.

Leticia y su equipo se reúnen con regularidad, normalmente todos los días, para considerar y decidir los diseños para cada uno de los productos a su cargo. Con frecuencia los miembros de su equipo discrepan con ella y con los demás. Leticia y cada miembro de su equipo escuchan los argumentos de unos y otros y al final alcanzan un consenso sobre cómo proceder. Los puntos de vista de Leticia no tienen más peso que los de cualquier otro miembro del equipo. Ella confía totalmente en su experiencia profesional y viceversa. Leticia considera que tiene mucho éxito con su equipo y disfruta su trabajo como gerente de ellos.

El equipo autónomo

Durante unos años, Paul fue administrador de diseño web de una de las cadenas de almacenes más grandes del mundo. Con el fin de ganar más dinero y experiencia en administración, Paul solicitó y obtuvo un empleo en una pequeña empresa de diseño web en Los Ángeles. Se sorprendió muchísimo al llegar a su nuevo empleo.

En la empresa anterior, los gestores prácticamente les decían a los miembros de sus equipos qué debían hacer. En esta nueva empresa le informaron que sólo debía dar algunas instrucciones generales y fijar plazos de tiempo a su equipo de cinco integrantes y «estar allí», en caso de que necesitaran ayuda o información. A Paul le llevó un tiempo acostumbrarse a este nuevo tipo de ambiente de trabajo, pero ahora se siente muy cómodo en él. Esa filosofía de equipo le gusta. La manera en que están estructurados los equipos de trabajo le permite laborar en sus propios proyectos y pasar más parte de su tiempo planeando y organizando el trabajo de su equipo para que puedan trabajar independientemente de él y con interdependencia los unos con los otros. Paul también ha aprendido a confiar en la pericia y las decisiones de ellos.

Anteriormente, la mayor parte del día de trabajo de Paul se iba en dar instrucciones a su equipo y en supervisar estrechamente su trabajo. Realmente nunca tenía tiempo para nada más. Ahora tiene tiempo adicional para ayudar a otros equipos que pueden requerir de su experiencia profesional y para asumir proyectos especiales de arriba. Tiene tiempo incluso para actualizar su propia capacidad técnica.

Los miembros del equipo de Paul le contaron que unos años atrás ellos requerían de mucha más orientación y apoyo por parte de su gerente. Pero ahora que se han vuelto más diestros y expertos en lo que hacen, y han aprendido a resolver los problemas como equipo, disfrutan mucho más de su trabajo. Su equipo está obteniendo los resultados necesarios y Paul está muy complacido de haber cambiado de trabajo.

Debido a que todos, Dennis, Reilly, Leticia y Paul, parecen ser muy exitosos con sus equipos, diríamos que sus modelos de equipo funcionan. En el capítulo 4 daremos un vistazo más cercano a los cuatro modelos para que pueda decidir cuál(es) se adapta(n) mejor a los tres factores de la vida de equipo que usted tiene. El modelo de equipo que debe elegir, lo repito, realmente depende de cómo quiere que sea la comunicación y la toma de decisiones. Por favor, recuerde este punto clave: No existe un modelo de equipo ideal; todos obtienen resultados, aunque de diferentes maneras. Sin embargo yo, y muchos otros del campo de la gestión y la formación de equipos, afirmaríamos que los equipos participativos y autónomos obtienen resultados que afectan más las ganancias de la empresa que los grupos de trabajo y los equipos en desarrollo.

4

UN RESUMEN DE LOS CUATRO

MODELOS

Hay DIFERENTES MANERAS de estructurar un equipo, y como dije en el capítulo 3, ningún modelo es mejor que los demás. Todo depende de los tres factores de la vida de equipo, especialmente el nivel de destreza del equipo.

El grupo de trabajo

El primer modelo de los cuatro es el grupo de trabajo. Este no encaja en la definición clásica de un equipo. Por lo tanto, técnicamente no lo consideraremos como tal. Pero si el trabajo se hace y la moral y la productividad son buenas, es un modelo que funciona para usted, así que consérvelo.

Características del grupo de trabajo

- Comunicación en un solo sentido; de arriba a abajo
- Poca comunicación relacionada con el trabajo entre los miembros del grupo
- El administrador toma las decisiones

Este modelo funciona mejor cuando el administrador o líder de equipo es el más experimentado del grupo y cuando los miembros del equipo son nuevos, inexpertos, o no suficientemente calificados para tomar decisiones. Este modelo también funciona bien cuando los miembros no tienen que comunicarse mucho entre sí para llevar a cabo el trabajo. Adicionalmente, algunas organizaciones prefieren que el gerente esté a cargo y tome todas las decisiones. Si usted trabaja para este tipo de organización, debe considerar este modelo, a menos que pueda demostrar que otro modelo serviría mejor para la organización.

Pero piense en esto, tal vez la moral, la calidad del trabajo, la productividad o el rendimiento podrían ser incluso mejores con uno de los otros modelos. Hago esta última declaración asumiendo que su grupo de trabajo puede trabajar en forma más interdependiente, que la naturaleza del trabajo mismo se presta más para tener un ambiente de equipo, y que su organización apoyaría los equipos de trabajo.

El equipo en desarrollo

El equipo en desarrollo comienza a encajar en nuestra definición de lo que verdaderamente es un equipo de trabajo.

Características del equipo en desarrollo

- Cierta o moderada comunicación en cuanto al trabajo, necesaria entre los miembros del grupo
- El administrador toma las decisiones con la contribución de los miembros del equipo

Este modelo funciona mejor cuando el administrador o la organización necesitan sugerencias o comentarios para tomar una decisión y cuando el gerente desea desarrollar los miembros del equipo, con el fin de que un día lleguen a comunicarse en forma más eficiente unos con otros o participen más en el proceso de la toma de decisiones.

El equipo participativo

Cuando un equipo de trabajo alcanza el nivel participativo, la verdadera definición de equipo se hace evidente.

Características del equipo participativo

- Los administradores han desarrollado por completo sus destrezas de liderazgo de equipo, y también han desarrollado suficientemente las destrezas técnicas y de equipo/interpersonales de los miembros de su equipo para que tomen parte en la toma de decisiones. Puede tomar muchos meses llevar a cabo esto.
- El administrador, a pesar de ser conocido dentro y fuera del equipo de trabajo como el líder, no tiene más poder para tomar decisiones que cualquier otro miembro.
- Los miembros y el administrador requieren de comunicación constante entre sí para llevar a cabo el trabajo. Este proceso puede ser muy dispendioso.
- Los miembros del equipo se «apropian» del producto o servicio y se preocupan mucho por salir con lo mejor. Su motivación es alta.

El equipo autónomo

Este modelo de equipo de trabajo funciona muy bien solo, con cierta orientación, instrucción y límites ocasionales por parte del administrador.

Características del equipo autónomo

- Sus miembros son expertos en la materia y su motivación es alta.
- Comunicación constante entre los miembros del equipo. Los miembros del equipo son totalmente interdependientes.
- El administrador no tiene que enredarse en el funcionamiento diario del equipo, ni es necesaria su presencia en la mayoría de las reuniones de equipo.
- El equipo disfruta del trabajo y de trabajar unos con otros.
- Demanda un gran esfuerzo llevar un equipo a este nivel, y los beneficios para todos son enormes. Sin embargo, no todos los equipos pueden volverse autónomos. Tal vez los miembros de ciertos equipos no estén en condiciones de adquirir el nivel necesario de destrezas técnicas y de equipo.
- Los miembros tienden a ser más competentes a nivel técnico en muchas más áreas que el administrador. Se espera que tomen decisiones por sí mismos. Esas decisiones afectan el trabajo del equipo o la organización. Se les permite tomar muchas decisiones sin el aval anticipado del administrador.

Esto no significa que él no pueda establecer límites y pautas a las decisiones del equipo.

- Los miembros comparten el liderazgo durante las reuniones de equipo o el trabajo diario, o se rotan el liderazgo.
- El o la gerente del equipo autónomo es libre de hacer otras cosas porque su equipo prácticamente funciona solo. Puede trabajar en sus propios proyectos, desarrollar otros equipos, trabajar más estrechamente a nivel personal con los miembros del equipo, o asumir más asignaciones de su jefe.

Puesto que el título de este libro es *Gerente por primera vez: Cómo desarrollar a su equipo* nuestra atención se centra en cómo llevar un equipo al nivel de desarrollo (el inicio de un equipo de trabajo) como mínimo, e idealmente al nivel participativo o más allá. No nos vamos a enfocar en el grupo de trabajo, a pesar de que muchas de las estrategias empleadas con los equipos en desarrollo, participativos y autónomos pueden ser usadas con el grupo de trabajo. Véase la tabla 4-1 para una comparación entre un grupo de trabajo y un equipo de trabajo, teniendo en cuenta las diferencias que hay entre los equipos en desarrollo, participativos y autónomos.

Tabla 4-1. Comparación entre el grupo de trabajo y el equipo de trabajo

El grupo de trabajo	*El equipo* *(en desarrollo, participativo o autónomo)*
•El gestor o líder toma la mayoría de las decisiones y la comunicación tiende a ser de arriba a abajo, en un sentido	•Toma de decisiones compartida o por consenso y mucha más comunicación de doble vía
•Cada miembro del equipo es responsable de su propio trabajo	•Responsabilidad individual y de equipo
•Asignación individual del trabajo	•Asignación de trabajo por grupos
•El gerente evalúa el desempeño de los miembros del equipo	•Los miembros del equipo y el gerente hacen una evaluación del desempeño
•Dependencia del administrador o líder	•Interdependencia entre los miembros del equipo
•Las destrezas de equipo/interpersonales no son muy importantes	•Las destrezas de equipo/ interpersonales son decisivas

5

Mala administración
de sus equipos

Hay dos situaciones peligrosas en que los gestores sin experiencia caen a menudo: la gestión excesiva y la gestión insuficiente. Demos una mirada primero a la insuficiente.

Gestión insuficiente

Digamos que usted tiene un equipo bastante inexperto (tanto a nivel de capacidades técnicas como de equipo) y los dirige como si fueran uno autónomo. ¡Es un gran error!

Los miembros inexpertos de un equipo necesitan mucha más orientación y dirección de sus jefes o líderes de equipo. Algunos administradores sin experiencia esperan que los miembros de su equipo aprendan de algún modo todo por su propia cuenta. Hay ejemplos en los que eso sucede, pero por lo general no es así. Cuando uno administra insuficientemente, está exponiendo a los miembros del equipo al fracaso y a la frustración. Muchos gestores incluso culpan a sus equipos cuando los proyectos o asignaciones de trabajo no resultan conforme a lo esperado. Es un comportamiento nada ético. Permítame resaltar esto con un ejemplo de la vida real.

Una vez oí a una gerente sin experiencia hablando con su jefe. Este se había mostrado algo alarmado por la forma en que iba uno de los proyectos de ella, que respondió: «Lo sé, estoy muy consciente de eso. No puedo creer la clase de equipo que tengo. Parece que no saben lo que están haciendo. Le sugiero que hable directamente con ellos. Después de todo, no tengo la culpa de sus errores».

Gestión excesiva

Ahora, volvamos nuestra atención a la otra parte de la mala administración de equipos: la gestión excesiva. En este caso digamos que tenemos un equipo participativo o autónomo en todo el sentido de la palabra y que el administrador o líder del equipo actúa como si fuera un equipo en desarrollo o un grupo de trabajo. Él comete el error de supervisar y controlar estrechamente a los miembros del equipo cuando no lo necesitan. La gestión excesiva produce ira en los equipos; como resultado, harán todo lo posible por quitárselo de encima o, como están muy molestos, pueden minar los esfuerzos de él. Ellos no necesitan toda esa atención; este es un caso clásico de administración al detalle.

La administración al detalle ha adquirido mala fama a través de los años. No hay nada malo con la administración al detalle si uno la emplea con equipos de trabajo que requieran de una supervisión estrecha. Pero es totalmente contraproducente cuando se emplea con equipos de trabajo que no necesitan que se les diga lo que deben hacer o no necesitan ser estrechamente controlados.

Guarde el equilibrio

Es esencial que determine cuál modelo se adapta mejor a su equipo y que trate de brindar el mejor enfoque administrativo. Al hacer eso, tendrá un acierto administrativo. Los aciertos elevan la moral y la productividad. La gestión excesiva y la insuficiente causan muchos conflictos entre los administradores y los equipos, y han llevado a la caída a muchos sin experiencia. También son las dos razones mayores del fracaso de los equipos.

El siguiente punto tal vez le parezca interesante y posiblemente un tanto revelador al momento de considerar qué modelo de equipo de trabajo emplear. Cuando pido a los asistentes a mis seminarios que describan la mejor experiencia de equipo real o imaginaria, el 98 por ciento de sus respuestas se relaciona con experiencias de equipos participativos o autónomos. Esto le puede motivar a hacer todo lo que esté a su alcance para llevar a sus equipos de trabajo a su más alto nivel de desempeño. Sin embargo, tenga en cuenta, por favor, que no todos los equipos de trabajo pueden alcanzar los niveles más altos de desempeño, aun si usted o su organización lo promueven. Muchos miembros del equipo tal vez no puedan desarrollar las destrezas técnicas o de equipo requeridas.

6

CREE UN AMBIENTE DE TRABAJO BASADO EN EQUIPOS

Muchas empresas han reconocido los grandes beneficios que los equipos de trabajo pueden traer. Y con suerte también reconocen que demanda un gran esfuerzo desarrollar un grupo de individuos hasta convertirlos en un equipo que se desempeñe a un alto nivel. Una organización basada en equipos se distingue porque gran parte del trabajo se lleva a cabo con y a través de dichos equipos.

Hay cinco condiciones que las organizaciones deben considerar antes de determinar si pueden crear un entorno laboral basado en equipos. Los administradores también pueden examinar estas condiciones para ver si pueden transformar sus grupos de trabajo en equipos de trabajo.

Entre mayor número de estas cinco condiciones se cumplan, las organizaciones y los administradores tendrán una mayor probabilidad de desarrollar empresas basadas en equipos de alto rendimiento. Si falta alguna de esas condiciones, será más difícil. Las organizaciones y los administradores deben evaluar cuál condición hace falta y luego idear estrategias para lograr que se satisfagan. En verdad, nunca he visto un ambiente laboral basado en equipos de trabajo o un equipo de alto desempeño que no hubiera reunido todas esas condiciones.

Condición 1. Paradigma del estilo administrativo

Los administradores de una organización tienen que respaldar sus equipos, apoyarles y desear que obtengan buenos resultados. Tienen que estar dispuestos a establecer una comunicación de doble vía y permitir que sus equipos participen en el proceso de tomar decisiones. No deben sentirse intimidados por la estructura de equipo ni deben tener temor de que sus equipos puedan o lleguen a saber más que ellos.

Condición 2. Destrezas de equipo

Además de las destrezas técnicas para llevar a cabo su trabajo, los miembros del equipo también necesitan ser capacitados para trabajar juntos como tal. Solamente cuando los equipos de trabajo aprendan a trabajar por sí mismos, sin una supervisión estrecha de sus directores o jefes, «se dará» una organización basada en equipos, y sólo entonces los equipos alcanzarán altos niveles de desempeño.

Condición 3. Miembros de equipo facultados

Los equipos no prosperarán ni se formarán en absoluto, a menos que sus integrantes realmente quieran ser miembros del equipo. Ellos deben anhelar o esperar establecer una comunicación franca con sus compañeros de equipo y los administradores, y participar activamente en la determinación de lo que es mejor para sus equipos. Muchos individuos preferirían simplemente ir a trabajar, hacer lo que les digan y volver a casa. Y eso está bien, con tal que hagan lo que se espera de ellos. Sin embargo, para que los equipos prosperen, los miembros mismos tienen que desear ser facultados. Es de ayuda si la organización y los administradores estimulan esta delegación de facultades y hablan con los integrantes del equipo acerca de la importancia de su participación en las discusiones y la toma de decisiones.

Condición 4. Una propuesta abierta al cambio y al riesgo

Instalar equipos y crear un ambiente de equipo, si no se ha hecho con anterioridad, puede ser una propuesta arriesgada. No hay garantía de que los equipos de trabajo funcionen. Como esto es una realidad, las organizaciones y sus administradores tienen que estar dispuestos a correr riesgos. El cambio es un riesgo. Y pasar de grupos de trabajo a equipos de trabajo es uno muy grande. Si las demás condiciones para la transformación se dan, entonces el riesgo será mucho menor.

Debido a la cultura propia de cada organización, existen diferentes opiniones en cuanto al riesgo. Las organizaciones tipo X son abiertas al cambio; lo exigen y lo esperan. Las organizaciones tipo Y son muy cuidadosas, a veces excesivamente, de participar en cambios o asumir riesgos. Para cuando se deciden a hacer un cambio podrían haber perdido una gran oportunidad. Las organizaciones tipo Z no cambian ni corren riesgos a menos que se vean obligadas a hacerlo. La organización basada en equipos o equipos de alto desempeño tiene mayores posibilidades de prosperar en las culturas organizacionales tipo X y tal vez en las Y.

Condición 5. Sistemas de recursos humanos

Si desea tener individuos y directivos que apoyen el concepto de equipo, cambie los sistemas de Recursos Humanos. Por ejemplo, si usted sólo evalúa a los miembros de los equipos y los directivos por su contribución individual, no va a lograr verdaderamente que crean en el trabajo de equipo. Pero si también los evalúa, los asciende y les paga con base en sus aportes de equipo o por su conducta de liderazgo de equipo, entonces ellos tomarán el concepto de equipo muy en serio.

También animo a las organizaciones a desarrollar un método de evaluación tipo 360 grados. En él, no sólo el jefe evalúa el trabajo de un gerente, sino que sus compañeros del mismo nivel jerárquico, los miembros del equipo y sus clientes, si tiene algunos, evalúan el trabajo del jefe también. Así, él obtiene una verdadera imagen de su desempeño, y sabe que tiene que trabajar en forma conjunta y eficaz con todos. Los sistemas de evaluación 360 grados son un ingrediente vital de las organizaciones basadas en equipos.

Conclusión

En la primera parte del libro describimos el equipo de alto desempeño, discutimos los tres factores de la vida de equipo y repasamos los diferentes modelos de equipos. Ahora debe estar en condiciones de decidir cuál modelo representa a su equipo hoy día y cuál finalmente desea adoptar. También señalamos los peligros de la gestión excesiva y la insuficiente, y describimos las condiciones necesarias para crear una organización basada en equipos de trabajo o un equipo de alto desempeño.

En la segunda parte, veremos lo que implica hacer la transición del papel de empleado, miembro de equipo o colaborador individual al de un administrador que está formando equipos. También estudiaremos las barreras que pueden surgir en el camino.

SEGUNDA PARTE

Transite la senda de miembro
de equipo a administrador/líder
de equipos

7

UNA NUEVA SERIE DE DESTREZAS

P ARA TENER ÉXITO en la formación de equipos de trabajo como administrador sin experiencia, se necesita tener una variedad de destrezas. Muchas de ellas probablemente sean nuevas para usted. Desarrollarlas le permitirá formar un equipo que puede comenzar en el nivel de desarrollo pero que al fin, eso esperamos, pasará al nivel participativo o autónomo. Los beneficios de llevar los equipos a los niveles participativo o autónomo son enormes para cualquier organización. Los miembros de estos equipos de alto desempeño producen trabajo de alta calidad en grandes cantidades y con celeridad (las tres C del desempeño). Son personas que desean continuar aprendiendo y aumentando sus destrezas; tienen un mayor sentido de lealtad con su trabajo, sus clientes y la organización; son los más confiables; y toman decisiones acertadas para mejorar sus productos o servicios.

Una combinación de destrezas fundamentales y destrezas de liderazgo

Como gerente o líder de equipos, su meta más importante es formar equipos de alto desempeño que tengan espíritu de equipo (roles y responsabilidades claramente definidas, comunicación franca y honesta, un administrador experto y que apoya, autoridad para tomar decisiones, así como recompensas y reconocimiento). Para alcanzar esta meta, usted necesitará demostrar dos grandes juegos de destrezas diferentes. El primero se denomina destrezas fundamentales. Estas incluyen:

37

- *Planeación.* Esta destreza tiene que ver con determinar qué necesita el equipo para alcanzar sus metas y las del departamento o la organización. Para planear, usted necesita estar enterado al máximo del trabajo de su equipo y de las destrezas técnicas que necesita este para llevar a cabo dicho trabajo. También tendrá que planear cómo puede su equipo desarrollar las destrezas propias y cómo puede convertirse en un equipo de alto desempeño, si esa es su meta.

- *Organización.* Esta destreza se relaciona con centrar la atención en el trabajo del equipo y decidir quién asumirá cada uno de los diferentes roles y responsabilidades, a fin de lograr las metas del equipo. Organizar también implica determinar cómo deben trabajar juntos los miembros del equipo para alcanzar dichas metas; obtener los recursos que necesita el equipo; y coordinar sus esfuerzos con otros equipos, departamentos o individuos de la organización.

- *Desarrollo.* Esta supone que usted o alguien más enseñan las destrezas técnicas y de equipo que los miembros del equipo necesitan para alcanzar un nivel de alto desempeño. Usted también necesita desarrollar sus destrezas de liderazgo de equipo para poder dirigirlo eficazmente.

- *Supervisión.* Esta destreza requiere de hacer presencia en forma regular para asegurarse de que el trabajo del equipo se realice. La frecuencia de chequeos dependerá de la complejidad del trabajo y del nivel de destreza del miembro del equipo o del equipo entero. Supervisar también implica notar cómo trabajan unos con otros los miembros del equipo (es decir, observar si hay conflictos, falta de cooperación, etc.) y escuchar comentarios y opiniones en cuanto al equipo por parte de personas ajenas a él.

- *Evaluación.* Esta destreza tiene que ver con medir si el equipo alcanza sus metas y qué tan bien lo hace, y qué podría ser necesario hacer de manera diferente en el futuro. Usted necesita establecer métodos claros y objetivos para medir resultados. Siempre es mejor cuando el equipo mismo sabe cómo hacer sus propias evaluaciones. Peter Drucker, el padre de la administración moderna, dijo en una ocasión que administrar es evaluar.

El segundo juego de destrezas lo constituyen los comportamientos del liderazgo. Son comportamientos o conductas que, cuando los administradores y los líderes de equipo los dominan, hacen que la gente *desee* hacer lo que se espera de ellos, en lugar de sentir que *tienen* que hacer lo que se espera de ellos. Los comportamientos del liderazgo brindan el ambiente preciso para que el equipo prospere. Dichos comportamientos incluyen:

- Alentar y motivar a los miembros del equipo
- Escuchar activamente
- Explicar al equipo por qué es importante su trabajo y en qué manera se alinea con la misión general de la organización
- Ser imparcial y franco en lo que respecta a críticas
- Ser persistente
- Mantener altos estándares de ética y práctica, y ser ejemplo de dichas conductas
- Proveer al equipo los recursos necesarios
- Manejar las interferencias para que el equipo pueda lograr sus metas más fácilmente
- Fomentar relaciones confiables mediante el uso apropiado de la interacción y la exposición de sí mismo (compartiendo con el equipo sus pensamientos, opiniones y errores)
- Crear un ambiente de trabajo divertido y positivo en el cual se celebren y se reconozcan los logros del equipo

Olimpiadas administrativas para principiantes

Las destrezas de liderazgo no son nada diferentes de las enumeradas por los asistentes a mis seminarios al describir su mejor experiencia de equipo. En general, cuando los miembros de equipos piensan en sus mejores equipos, pareciera que la mayoría recordara más los comportamientos asociados con las destrezas del liderazgo que las destrezas fundamentales. Pero quiero recalcar que ambos juegos de destrezas son muy importantes. Algunos administradores sin experiencia parecen mejores en las destrezas fundamentales y otros sobresalen en las de liderazgo. Es una buena idea saber cuáles son sus fortalezas y sus deficiencias.

Permítame presentarle una idea cuyo tiempo ha llegado. Imagine que se van a realizar pronto unas olimpiadas de formación de equipos para administradores sin experiencia. Los eventos son como pruebas específicas de destrezas fundamentales o de liderazgo. ¿En cuáles eventos participaría? ¿En cuáles piensa que podría ganar una medalla de oro? ¿En cuáles usted nunca pensaría participar? Las respuestas a estas preguntas le darán una buena indicación de cuáles destrezas requieren su atención.

Puntos clave para formadores de equipos

Hay unos puntos clave que es necesario que recuerde y ponga en práctica al formar sus equipos.

Punto # 1

Su papel como excelente formador de equipos dependerá de su disposición y capacidad para usar una combinación de destrezas fundamentales y de liderazgo. El significado de *disposición* en este punto se refiere a tener la motivación o la confianza para hacerlo, y *capacidad* significa contar con las destrezas para hacerlo. Existe una gran diferencia entre estos dos términos.

Punto # 2

Ser un gran formador de equipos significa saber emplear las destrezas fundamentales y de liderazgo. También significa saber usar la medida precisa de cada una de ellas, dependiendo de las necesidades de los miembros de su equipo. Si, por ejemplo, su equipo se encuentra en el nivel de desarrollo, entonces usted deberá tener fuertes destrezas fundamentales y de liderazgo. Usted tiene el control. Cuando el equipo pase al nivel participativo, comparta estas responsabilidades, y cuando alcance el nivel autónomo, asumirá la responsabilidad de la mayoría de estos procedimientos. Aquí hay otra razón para tratar de llevar sus equipos a los niveles más altos de desempeño: Sus equipos estarán más a cargo del funcionamiento diario y usted estará en libertad para dedicarse a otras responsabilidades.

Punto # 3

Cuando un equipo parece sentirse desanimado o abrumado, o existen problemas evidentes de relaciones entre sus miembros, sin importar en qué nivel se encuentre este, sin duda alguna, usted necesitará ejercer sus destrezas de liderazgo.

Punto # 4

Cuando los miembros del equipo confunden sus funciones o responsabilidades, o se pone en riesgo la calidad del trabajo, las destrezas fundamentales se vuelven el centro de atención.

Punto # 5

Algunos administradores sin experiencia valoran más las destrezas fundamentales y otros las de liderazgo, y tienden a usar las que más valoren. Usualmente es porque se sienten más cómodos con un juego de destrezas que con el otro. Usted debe estar dispuesto y en condiciones de usar ambas.

8

OBSTÁCULOS EN EL CAMINO

Existen muchas razones que explican por qué los administradores sin experiencia no prosperan como formadores de equipos. Y si no prosperan, tampoco sus equipos, y viceversa.

Algunas de las razones más obvias para el fracaso son la falta de metas claras, tener la gente equivocada en el equipo, falta de recursos, uso deficiente o ningún uso de las capacidades fundamentales y de liderazgo por parte del gerente del equipo, falta de capacitación para los miembros del equipo, sobrecarga de trabajo, ausencia de recompensas y sistemas de responsabilidad, asignaciones o proyectos de trabajo sin sentido o aburridores, o plazos de tiempo irreales. La mayoría de estas razones pueden ser atribuidas al administrador mismo, a la organización o a una combinación de ambos.

Me gustaría discutir ahora cuáles son las barreras más grandes para el éxito en su papel de formador de equipos. ¡Tenga cuidado con ellas! Son usted mismo, el administrador sin experiencia; mensajes mezclados acerca de la importancia de los equipos; y el castigo de los equipos de alto desempeño.

Usted, el administrador sin experiencia

Consideremos en qué manera los administradores sin experiencia se constituyen en una barrera para su propio éxito y el de sus equipos de trabajo. Seamos honestos y demos un vistazo a la realidad de lo que sucede. Muchos administradores sin experiencia realmente no desean tener un cargo administrativo ni de formación de equipos. A veces se ven «forzados» a hacerlo porque desean avanzar dentro de la organización, o porque no hay ninguno más para asumir esa función, o por razones muy prácticas, tales como mayores ingresos y beneficios.

Muchas personas que han tenido mucho éxito como colaboradores individuales no necesariamente se desempeñan bien en cargos administrativos y de formación de equipos. Para formar un equipo se necesita un conjunto de capacidades muy diferente al de aquellas que se necesitan para desempeñar un buen trabajo como colaborador individual. Como colaborador individual su enfoque era en tareas; ahora tiene que enfocarse en la gente también. Usted se concentraba en los detalles para llevar a cabo su trabajo, ahora tiene que tener una orientación y una preocupación mucho más global en cuanto a lo que sucede en su departamento y la organización. Como colaborador individual usted resolvía los problemas. Ahora tendrá que definirlos para que otros los solucionen.

Este es mi consejo para los administradores nuevos que se han convertido en barreras a su propio éxito: tienen que desarrollar y sentirse muy cómodos con las capacidades que se requieren para ser líder o formador de equipos. Tienen que desear verdaderamente estar en función de desarrollar a otras personas y deben concentrarse menos en su propia experiencia profesional. De hecho, si usted prospera como administrador y formador de equipos, después de un tiempo no volverá a ser técnicamente tan competente en su área de especialización. Los miembros de su equipo llegarán a saber más que usted.

Una vez que se concentre en la formación de equipos, hallará que es increíblemente gratificante y muy probablemente usted será visto por otros como un gran recurso. O, para ser cruelmente sincero, si es algo que en verdad no desea hacer, considere no asumir o no continuar en este papel; lo digo en serio. Usted no se sentirá feliz y sus equipos no llegarán a ser de alto rendimiento. Además, a largo plazo realmente no beneficiará a su organización.

Otra barrera administrativa es el deseo de conservar el poder o el control para uno mismo y no compartirlo con otros. A muchos administradores sin experiencia, y con experiencia también, les gusta que sus equipos de trabajo sepan que ellos están al mando. No permiten que sus equipos se conviertan en equipos de alto desempeño. Desean tomar todas las decisiones y tener la última palabra. Este deseo de controlar puede derivarse de ciertas percepciones de algunos administradores, en el sentido de que sus equipos no pueden trabajar bien sin su estricta supervisión. Con frecuencia dichas percepciones son inexactas. Nosotros tendemos a ver o creer lo que queremos.

Otros administradores pueden pensar que son los únicos que saben qué decisión tomar, pero reconozcámoslo: con cierta capacitación, educación y orientación, la mayoría de los equipos sabrán tomar sus propias decisiones si se les permite hacerlo.

Otros administradores sin experiencia no han desarrollado la flexibilidad aún. Tienden a usar el estilo administrativo con el que se sientan más cómodos. A veces eso funciona, a veces no. Por ejemplo, un administrador sin experiencia puede ser del tipo que no interviene, alguien a quien le gusta que su equipo trabaje solo y tome sus propias decisiones. Eso me suena muy bien. Pero ¿qué tal si el equipo no tiene la capacidad de hacerlo? Este administrador tendrá que cambiar su estilo, abandonar su rutina y tomar más de las riendas. Aquí es donde entra en juego la flexibilidad. El administrador se debe adaptar siempre a las necesidades de su equipo, en lugar de esperar que este se adapte a su estilo administrativo o de liderazgo.

Como formador inexperto de equipos de alto desempeño, debe desear sinceramente que sus equipos se desempeñen a los niveles más altos posibles, tomando en consideración las limitaciones y las restricciones organizacionales que tienen. Uno no quisiera nunca convertirse en una barrera para el desarrollo de sus equipos. Le aseguro que llevar equipos a desarrollarse y prosperar puede ser uno de los logros y gozos más grandes.

Mensajes mezclados en cuanto a la importancia de los equipos

Muchas organizaciones y sus administradores predican el trabajo en equipo. Hablan de la importancia de los equipos en las reuniones de toda la empresa. Sus boletines informativos y otras publicaciones contienen artículos sobre la importancia del trabajo en equipo. Cuando uno camina por los corredores y las plantas de la fábrica, ve afiches de equipos (comúnmente representaciones atléticas) por todas partes. Y la empresa también destaca en su visión, en la declaración de su misión o en sus principios rectores el trabajo en equipo.

Pero con mucha frecuencia, aflora la realidad de que muchas empresas y sus directivos no recompensan el trabajo en equipo o no responsabilizan al personal por no trabajar bien en los equipos, sino que sólo resaltan o reconocen la contribución individual de los miembros del equipo. Al hacer eso, las organizaciones y los administradores envían un mensaje mezclado.

En uno de mis primeros empleos hace años, recibí uno de esos mensajes mezclados con respecto al trabajo en equipo. Yo trabajaba en el departamento de cambio y desarrollo organizacional de una empresa Fortune 500 de la ciudad de Nueva York. Yo estaba a cargo de elaborar y realizar estudios organizacionales. El gran tema de la empresa en ese tiempo era: «Somos un gran equipo». Ese mensaje se publicaba en todos los medios posibles. Hasta ese día creo que estaban tratando de lavarnos el cerebro para que creyéramos que la empresa estaba interesada en tener equipos de trabajo.

Pero cuando a mí (y a los demás empleados de la empresa) me hicieron una evaluación de desempeño, o cuando me aumentaron el salario, o cuando me tuvieron en cuenta para un ascenso, nunca se mencionó la palabra *equipo*. Fui calificado, remunerado, evaluado, etc., únicamente sobre la base de mi contribución individual. Pronto capté el mensaje de que el asunto de equipos sólo era algo que se decía de dientes para afuera. Me da vergüenza tener que admitirlo ahora, pero aprendí a fingir ser un buen colaborador del equipo aunque sólo me preocupaba por mí mismo.

Los mensajes mezclados causan confusión y, sin duda alguna, afectan la moral y la productividad. Contrarrestan los esfuerzos que hacen el gerente y los miembros por formar sus equipos.

Creo firmemente que sólo cuando las organizaciones y sus administradores recompensen, reconozcan y responsabilicen a la gente por sus contribuciones al equipo *y* por las individuales, verdaderamente se desarrollará un ambiente de equipo. El mensaje en cuanto a equipos debe afectar los ingresos. Sólo cuando la gente capte el mensaje de que van a ser evaluados sobre la base de sus aportes al equipo, se dedicarán a convertirse en grandes miembros de equipo. Lo mismo se podría decir de los líderes y los gestores que son formadores de equipos. Ellos también necesitan ser evaluados sobre la base de lo bien que formen sus equipos y no sólo por decir que estos son importantes o que existe un ambiente de equipo.

Castigo a los equipos de alto desempeño

Se pensaría que los formadores de equipos quisiéramos recompensar nuestros equipos de alto desempeño y no castigarles. Pero he observado con bastante frecuencia que los administradores, los líderes de equipo o las organizaciones castigan a sus mejores equipos por ser magníficos. Cuando nosotros o nuestras organizaciones hacemos eso, provocamos el fracaso del equipo de trabajo. Veamos el caso de Sheila V., una inexperta administradora de equipos, para ilustrar lo que digo.

El caso de Sheila V.

Sheila es una administradora sin experiencia que trabaja en una compañía de ingeniería en el norte de California. Ella ha administrado tres equipos diferentes durante el último año. Yo he trabajado con Sheila, explicándole la importancia de no castigar a los equipos por ser geniales. Sheila me contó hace poco que, inadvertidamente, estaba castigando a su equipo participativo y que ahora comprende por qué el trabajo de ellos comenzó a decaer. Ella acaba de reconocer que estaba haciendo eso. Sus otros dos equipos están en el nivel de desarrollo.

Sheila dijo que cuando el equipo participativo terminaba sus proyectos antes del tiempo señalado, ella les asignaba algunas tareas que los otros dos equipos no habían terminado. En otras ocasiones, cuando estaba demasiado ocupada para hacer su propio trabajo (y realmente no quería hacerlo), lo dividía entre los miembros de ese equipo. Sabía que ellos simplemente lo harían y sin quejarse. Esta era una forma de castigo.

Sheila también me dijo que hace varios meses el equipo fue invitado a presentar sus investigaciones en una conferencia profesional de carácter nacional. Ella hizo que el equipo rechazara la invitación porque no quería quedarse sin ellos durante toda una semana. ¿Quién iba a encargarse de todo el trabajo de la oficina? Esa fue otra forma de castigo.

Sheila me dio un último ejemplo de cómo estaba castigando a los miembros verdaderamente buenos de su equipo de trabajo. Me dijo que hacía que los miembros más experimentados del equipo participativo trabajaran en parejas con los menos experimentados de sus dos equipos en desarrollo. Ellos no se estaban desempeñando bien a nivel técnico y quería que los más experimentados los entrenaran. Incluso a veces recibió solicitudes de otros departamentos para este tipo de asistencia y de buena gana aceptaba dichas solicitudes. Lo que Sheila no tomó en cuenta fue que a pesar de haber un beneficio obvio para los miembros menos diestros del equipo, ¡los más diestros preferirían seguir cumpliendo con sus propias asignaciones o aprender algo nuevo por sí mismos! Esta también fue otra forma de castigo.

Me complace decir que Sheila ha reconocido sus errores y ya no castiga a los miembros de su equipo de alto desempeño. Si continuamos castigando a nuestros equipos por ser tan buenos, finalmente dejarán de serlo. Debemos recompensarles y darles nuevas oportunidades de desarrollo para que continúen a un alto nivel de desempeño.

9

LLEGUE AL NUEVO CAMINO

La mayoría de los cambios en la vida nos llevan a través de tres etapas: parar, esperar y empezar de nuevo. Cuando pasamos de colaboradores individuales a líderes de equipo o administradores sin experiencia, pasamos por las mismas etapas. Sabemos que un cambio ha sido exitoso si alcanzamos la tercera etapa y nos sentimos cómodos en ella. Si no alcanzamos la tercera etapa del cambio, no prosperará. Si un gerente sin experiencia no alcanza esta etapa, no prosperará como formador de equipos, o en un sentido más amplio, como administrador sin experiencia.

Parar

La primera etapa se denomina parar. En este punto, suspendemos lo que estamos haciendo en el momento. Por ejemplo, si usted está pasando de miembro a director de ese equipo, deja de ser el técnico o el miembro del equipo, y debe dejar de identificarse con el grupo del cual era miembro. Tiene que dejar de hablar de manera negativa, si alguna vez lo ha hecho, de los directivos o la organización y apoyar fuertemente el cambio organizacional si no lo hacía antes.

Esperar

La segunda etapa del proceso de cambio se denomina esperar. En la etapa de espera todo parece caótico, confuso y uno se siente inseguro de cómo van a salir las cosas. Probablemente llegue a sentir ganas de dejarlas como estaban. Por ejemplo, como administrador sin experiencia tal vez no sepa cuál sea la mejor manera de comunicarse con su equipo, a quién pedir consejo, qué hacer cuando los miembros del equipo no sean cooperadores, o incluso qué modelo de equipo usar. Esperar es muy normal y es importante pasar por esta etapa. No trate de evitarla. El peligro de la etapa de espera es que si uno se detiene demasiado en ella, no llega a la última etapa, empezar de nuevo.

Empezar de nuevo

En esta última etapa comienza a aprender qué se exige de usted, comienza a desarrollar sus nuevas destrezas y se siente cómodo en su nuevo rol. Esta etapa puede tomar un largo tiempo, prepárese para eso. No se disguste si no se convierte en un gran formador de equipos de la noche a la mañana.

Cuando trabajo con formadores de equipos nuevos o gerentes sin experiencia, normalmente les hago dos preguntas para hacerles pensar en qué manera pueden llegar finalmente a la tercera etapa. Las preguntas son: ¿Qué tendría que dejar de hacer para prosperar en su nuevo papel? ¿Qué tendría que comenzar a hacer para prosperar en su nuevo papel? Trate de responder estas preguntas y estará en camino a formar equipos de alto desempeño y a prosperar en su nuevo papel.

10

LOS DIEZ PASOS PARA LA FORMACIÓN DE EQUIPOS

DIGAMOS QUE YA ha asumido su nuevo papel de administrador/líder/formador de un equipo o está a punto de hacerlo. Usted se encuentra o bien en la etapa inicial o en la de espera. ¿Qué debe hacer ahora? ¿Cómo empezar a formar su equipo? Aquí está la respuesta, en diez pasos fáciles. Es decir, los pasos son muy fáciles de entender, pero un poco más difíciles de implementar.

Es necesario cumplir cada paso; nunca debe saltarse alguno. Y presumo algo con estos diez pasos: que usted está comenzando desde cero y está formando un nuevo equipo. Pero la realidad pudiera ser que usted haya recibido un equipo ya existente. Aun si esto último es verdad, deberá seguir o examinar algunos de estos pasos.

Cuando esté formando su equipo deberá emplear estos mismos diez pasos, ya sea usted un administrador sin experiencia o uno más experimentado, y sea que los miembros de su equipo sean nuevos en el trabajo de equipo o más experimentados. La única diferencia posible es que se avanza más rápido a través de estos pasos si usted o los miembros de su equipo han tenido experiencia con equipos de trabajo.

Lleve a cabo los primeros cuatro pasos solo, aun antes de reunirse con su equipo. Usted querrá tener establecidas sus propias ideas y su plan de acción antes de realizar las primeras reuniones de equipo. El hecho de que usted haga estos pasos por sí mismo no quiere decir que no pueda pedir ayuda de su gerente, su tutor, otros directivos o líderes de equipo experimentados.

Paso 1: Obtenga el apoyo de la alta gerencia

El apoyo de la alta gerencia puede hacer que prospere o fracase en su empeño por formar su equipo. Necesita saber si su gerente inmediato y la alta gerencia respaldan sus esfuerzos para desarrollar su equipo de acuerdo al modelo que usted cree que se adapta mejor a los intereses de la organización. También necesita apoyo para desarrollar sus capacidades de liderazgo y las competencias técnicas y de equipo de su equipo de trabajo. Necesita constatar si la organización va a colaborar en este desarrollo o si puede recurrir a una fuente externa. Y la alta gerencia necesita apoyar brindándole a usted y al equipo los recursos necesarios para el éxito de su equipo. La falta de apoyo por parte de ellos a los esfuerzos de la formación de equipos es una de las mayores razones por las cuales los equipos no prosperan.

A fin de conseguir y mantener el respaldo de la alta gerencia, es necesario que demuestre en qué forma se alinean las metas y el trabajo del equipo con las de la organización. También necesita mostrar en términos muy concretos y medibles el buen desempeño de su equipo. Si obtiene los resultados que busca la alta gerencia, obtendrá más y más autonomía para dirigir su propio equipo de trabajo, aun si la organización es bastante controladora en su enfoque administrativo.

También es importante que usted y la junta directiva o su jefe acuerden que usted será el centro coordinador de su equipo, no ellos. Es peligroso, por ejemplo, cuando la gerencia acude directamente a su equipo de trabajo y le da órdenes sin su conocimiento o entorpece las decisiones suyas. Cuando ocurre eso, los miembros de su equipo dejarán de acudir a usted cuando tengan problemas o preocupaciones e irán directamente a su jefe o a la administración. Eso será confuso para ellos y totalmente desastroso para usted. Tanto los miembros del equipo como la administración le verán como alguien que no puede tomar decisiones y que no está verdaderamente al mando. Si la administración no se le acerca para discutir cómo van a trabajar juntos en la formación de su equipo, entonces será su obligación acercarse a ellos.

Paso 2: Defina el propósito de su equipo

Necesita pensar para qué se formó su equipo o por qué existe. ¿Qué es lo que va a llevar a cabo? ¿Cuáles son sus metas específicas o sus metas continuas? Aun antes de reunirse con su equipo, debe tener respuestas a estas preguntas. ¿Existe el equipo para resolver un problema, proponer un nuevo método u optimizar un proceso existente? Si no tiene en claro el propósito, con seguridad los miembros del equipo tampoco lo tendrán. Tal vez deba aclarar cómo ve la directiva el propósito del equipo para estar seguro de que ambos lo vean de la misma manera. Luego usted estará en condiciones de comunicarlo a su equipo.

Muchos administradores sin experiencia creen que si el propósito del equipo es claro para ellos, entonces también lo será para los miembros del equipo. Esto no es necesariamente cierto. Una vez que usted sepa exactamente cuál es el propósito, debe comunicarlo a los miembros de su equipo en la primera reunión.

Paso 3: Identifique los plazos de tiempo

En este paso usted identifica la fecha de entrega del proyecto o cuándo se debe terminar el trabajo. También identifica los eventos importantes específicos; es decir, qué eventos deben ocurrir en qué fechas. Estas dos declaraciones se aplican más a un equipo de proyecto. Pero probablemente también necesite desarrollar ciertos márgenes de tiempo para equipos permanentes y para los integrantes de los equipos.

Paso 4: Seleccione los miembros del equipo

Si estamos hablando de un equipo permanente o existente, entonces los miembros de su equipo ya habrán sido seleccionados y usted entrará a reemplazar a un administrador o líder de equipo anterior. Sin embargo, si está integrando un equipo de proyecto para un propósito particular, si está añadiendo miembros a un equipo existente o formando un nuevo equipo deberá identificar qué capacidades, experiencia y conocimientos serán los mejores para conseguir las metas del equipo.

Una advertencia si se trata de un equipo de proyecto. Siempre procuramos hallar las mejores personas para nuestros equipos de proyectos. Pero si solamente usamos los mejores empleados, estaremos creando dos grandes problemas organizacionales. Primero, no vamos a desarrollar a otros miembros del personal. Necesitamos que todos los empleados se desarrollen si queremos que prosperen nuestras organizaciones. Segundo, podemos estar sobrecargando a los mejores miembros del personal, y si continuamos haciendo eso, al fin se desgastarán o abandonarán al equipo. Por lo tanto, es una buena política, si puede conseguirlo a nivel administrativo o político, usar voluntarios para sus equipos de proyectos. Ellos tienden a comprometerse más con el proyecto porque tienen un gran interés de participar en él.

MIEMBROS DE EQUIPO DE BASE, ADICIONALES Y EXTERNOS. Los miembros de su equipo, sean seleccionados o voluntarios, son lo que llamamos miembros de equipo de base. Los miembros de equipo adicionales son individuos dentro de la organización que pueden fungir como recursos o como expertos en la materia para el equipo de base. Por ejemplo, si uno de los miembros de base necesita ayuda, información o consejo sabrá con quien contar en la organización, además de los compañeros del equipo de base. Usted o la organización identifican a los miembros de equipo adicionales y les informan de antemano que son miembros adicionales. De nuevo, es buena idea hacer que los miembros adicionales se ofrezcan voluntariamente.

Los miembros externos del equipo son individuos que no pertenecen a la organización, pero que también actúan como recursos para los miembros de equipo de base. Pueden proceder de asociaciones de profesionales, ser colegas de otras organizaciones o expertos conocidos en su campo. De vez en cuando los miembros de equipo de base tendrán que depender de esos miembros adicionales porque dentro de la organización ninguno puede ayudarles. Estos miembros adicionales del equipo se identifican al comienzo de un proyecto o durante el transcurso de él, dependiendo de cuándo surja la necesidad.

CÓMO HALLAR LOS MEJORES MIEMBROS POSIBLES DEL EQUIPO. Si usted tiene que emplear uno o más miembros del equipo, escoja los mejores posibles. Repasemos qué hay que hacer para lograrlo:

La primera consideración es dónde hallar un miembro del equipo. Los medios habituales son empresas contratantes de personal, cazadores de talentos, anuncios publicitarios, selección en universidades, ferias de trabajo o por recomendaciones personales. Creo que estas son las mejores. Muchas organizaciones entregan al empleado que recomiendan una compensación o comisión monetaria por cada candidato que halla y es empleado. Si el nuevo miembro del equipo no da resultado, entonces se reembolsa la comisión a la organización. A pesar de que dije que las recomendaciones personales son el medio más efectivo para seleccionar nuevos miembros del equipo, la organización debe hacer todo lo posible para contratar personal de la comunidad en general.

Luego, examine la solicitud o la hoja de vida para determinar si los antecedentes del aspirante reúnen los requisitos del trabajo. Usted debe saber exactamente cuáles son los requisitos del trabajo antes de comenzar a escrutar las solicitudes. Muchas personas saben cómo preparar excelentes hojas de vida y pueden incluir con facilidad palabras clave o de moda y enumerar las destrezas que exige el cargo. Por lo tanto, identificar el mejor miembro para el equipo a partir de una simple hoja de vida es bastante difícil y no muy preciso.

Al revisar una hoja de vida, busque asuntos que puedan necesitar aclaración durante el sondeo por teléfono. Por ejemplo: fechas de trabajo coincidentes; grandes intervalos entre trabajos; información insuficiente; gramática y ortografía deficientes; incongruencia entre la descripción de las capacidades del solicitante y las exigidas por el empleo; amplia capacitación, certificaciones o títulos superiores en contraste con un cargo relativamente bajo en la organización actual del aspirante; o aducir «razones personales» para explicar por qué abandonó empleos anteriores.

Una gran habilidad sumamente útil para revisar hojas de vida es poder leer entre líneas. Una vez revisé un currículum vitae que decía que el solicitante había renunciado a cargos anteriores porque él y sus jefes nunca podían ponerse de acuerdo en cuanto a decisiones importantes. Leyendo entre líneas capté que el aspirante era un individuo al que probablemente le gustaba hacer las cosas a su manera. Tenía grandes destrezas y una preparación educativa excelente, por lo cual lo entrevisté de todos modos.

Confirmé mis sospechas durante la entrevista telefónica. Él no era alguien que trabajaba bien en equipo, y ese era uno de los requisitos principales para el trabajo. Descubrí por qué durante la entrevista. Él pensaba que por su trasfondo educativo sabía más que los demás y creía que los miembros de su equipo debían respetar sus conocimientos y experiencia.

Si un posible miembro del equipo pasa la entrevista telefónica, entonces puede invitarlo a una entrevista formal y personal. Prepare muchas preguntas de antemano. La meta de la entrevista es averiguar tanto como pueda del posible miembro del equipo. Las preguntas deben buscar información en cuanto a la experiencia, conocimientos y capacidades del individuo. Trate de hacer que los aspirantes le citen muchos ejemplos relacionados con el trabajo que demuestren cómo han usado sus destrezas y conocimientos. Los aspirantes deberán hablar aproximadamente un 75 por ciento del tiempo.

Haga preguntas generales y permita que el entrevistado responda ampliamente. Por ejemplo, usted podría decir: «Por favor, déme unos ejemplos de lo que ha hecho a fin de mantenerse al día con su entorno competitivo. Incluya lo que aprendió de sus competidores, sus productos, servicios y las tendencias de la tecnología». Las preguntas para el aspirante en cuanto a su actitud hacia el trabajo, su estilo de trabajo, su interés por trabajar en la organización, su estilo para tomar decisiones, su temperamento o su capacidad para ser un buen miembro de equipo son igualmente importantes. Por ejemplo, si usted está tratando de descubrir la creatividad de un aspirante, pídale: «Déme algunos ejemplos de circunstancias en las cuales se esperaba que usted llevara a cabo ciertas actividades y fue más allá del cumplimiento del deber». Si no encaja bien, la persona, a pesar de tener las aptitudes precisas, tal vez no sirva.

Cuando esté entrevistando a alguien que no posea experiencia previa de trabajo, como un recién graduado, tendrá que hacer preguntas mayormente hipotéticas en cuanto a situaciones particulares relacionadas con el trabajo. Por ejemplo, podría preguntar: «¿Qué haría si un miembro del equipo no comparte información que usted necesita para completar su parte de un proyecto?»

Tenga cuidado con sus preguntas. Hay muchas de ellas inapropiadas e incluso contra la ley. Por ejemplo, no puede preguntar nada en cuanto a la edad del aspirante, su apariencia física, su estado civil, situación de los padres, idioma nativo, discapacidades, a qué clubes u organizaciones pertenece, su estado financiero, o sus pasatiempos o actividades fuera del trabajo. De hecho, le sugiero enfáticamente que sólo haga preguntas que estén directamente relacionadas con el desempeño del trabajo. Si no puede relacionar su pregunta con los requisitos del trabajo, ¡no la haga! Ha habido incontables casos de aspirantes a empleos que han demandado empresas por hacer preguntas inapropiadas durante las entrevistas.

Establezca un formato para realizar sus entrevistas, a fin de que cada miembro potencial del equipo tenga una experiencia similar en la entrevista y una justa oportunidad de pasar. Primero, salude al aspirante y rompa el hielo haciendo preguntas como: «¿No tuvo dificultades para llegar aquí?» o«¿Cómo le parece el clima que hemos tenido últimamente?» Luego explique al aspirante el proceso de la entrevista y cuánto tardará. Después, entre en el período de preguntas y respuestas para el aspirante, lo cual debe ocupar la mayor parte de la entrevista. Háblele un poco de la organización, responda sus preguntas y dígale cuáles son los siguientes pasos del proceso de la entrevista. Usted desea realizar una entrevista muy profesional. Aun si el entrevistado no resulta seleccionado para unirse a su equipo, usted querrá que esa persona salga de la entrevista sintiendo que la suya es una gran empresa.

Las últimas dos partes del proceso de las entrevistas tienen que ver con determinar cuáles aspirantes son más adecuados para el cargo y luego decirle a cada uno de ellos si fueron aceptados. Algunos administradores sin experiencia esperan demasiado tiempo antes de volver a contactar a los entrevistados. Durante ese lapso, un candidato excelente puede encontrar otro empleo.

Los equipos de los niveles participativo y autónomo pueden ayudarle a seleccionar los mejores integrantes nuevos para el equipo. Le animo a permitir que los miembros de su equipo entrevisten a los aspirantes y pasen tiempo con ellos. En algunas compañías que he asesorado, invitan al candidato durante un día entero o dos (y frecuentemente le compensan por su tiempo). Esto permite que todos se reúnan y lleguen a conocer al potencial miembro del equipo. Usted puede hacer incluso que el candidato trabaje en asignaciones o proyectos habituales. Después de ese par de días tendrá una mejor idea para determinar si la persona cuenta con las capacidades tangibles e intangibles que usted está buscando.

Persona a persona. A algunos administradores sin experiencia les gusta reunirse personalmente con cada miembro del equipo, a fin de llegar a conocerles antes de las reuniones iniciales del equipo. Pienso que es una idea muy buena y casi siempre facilita una relación entre el administrador y los miembros del equipo. En esas reuniones de persona a persona trate de no entrar en los mismos detalles que va a cubrir en las reuniones de equipo iniciales. Eso sería redundante.

Las reuniones personales durante la formación de un equipo o cuando usted se está haciendo cargo de un equipo, están diseñadas para que conozca a los miembros de su equipo a nivel personal y viceversa. En esas reuniones individualizadas iniciales también se pueden ventilar algunos problemas que ciertos miembros del equipo tienen con usted, el equipo o el proyecto. Por ejemplo, un miembro del equipo puede estar contrariado porque usted se convirtió en el gerente o el líder del proyecto, pues él quería ese cargo. O tal vez otro miembro del equipo tenga problemas con el trabajo que realiza o va a realizar el equipo de trabajo, o con algunos otros miembros del equipo. Durante las reuniones de persona a persona, usted también puede obtener información muy valiosa en cuanto a los procesos, la cultura y las políticas organizacionales, especialmente si usted es nuevo en la organización o en el papel de directivo.

Le animo mucho a continuar teniendo reuniones de persona a persona durante todo el tiempo que dure un miembro en el equipo, aun si cuenta con la suerte necesaria para llevarlo al nivel de desempeño más alto posible. Las reuniones de persona a persona reafirman las metas del equipo, permiten que usted se anticipe en la búsqueda de soluciones a los problemas o preocupaciones, y consolidan las relaciones de trabajo. Es bueno seguir un formato específico al realizar sus reuniones de persona a persona. También puede usar dicho formato para llevar a cabo discusiones de desempeño y desarrollo con todo el equipo.

Comience la charla preguntando al miembro del equipo qué le ha parecido excelente en cuanto a su propio desempeño o progreso desde la última discusión de desempeño y desarrollo que tuvieron. Luego exprese sus puntos de vista. Después pregúntele cómo puede continuar desarrollando, progresando y creando a partir de sus fortalezas actuales. Luego exprese lo que piense al respecto. Pregúntele al miembro del equipo si existe algo en cuanto a su propio desempeño y desarrollo con lo cual no esté satisfecho; y luego exprese usted su opinión. Cuando surja alguna diferencia de opinión entre usted y el miembro del equipo, ese es el momento de discutirlas. Es necesario que utilice ejemplos muy concretos para probar sus argumentos. Obviamente, usted tendrá muchos menos, si acaso alguno, desacuerdos si lleva a cabo discusiones de desempeño y desarrollo en forma regular.

Pasos 5 al 10, reúnase con el equipo

Una vez que termine su trabajo inicial de planeación de los pasos 1 al 4, puede reunirse con todos los miembros del equipo a la vez y hablar de todos los asuntos básicos en cuanto a cómo funcionarán juntos los miembros del equipo y usted. Las primeras reuniones son esenciales para establecer una relación de trabajo eficaz; los pasos restantes tienen lugar en estas primeras reuniones. Aquí están mis sugerencias en cuanto a lo que debe lograr en dichas reuniones.

Paso 5: Apertura de los miembros del equipo

Pida que los miembros del equipo se presenten si aún no se conocen unos a otros, y obtenga algunas impresiones iniciales en cuanto a cómo se sienten al estar en el equipo. Si se trata de un equipo existente, haga que los miembros hablen de cómo va el equipo. Si este es nuevo, pida que hablen de sus experiencias de equipo anteriores y cómo desean que sea este equipo.

Muchos líderes de equipo esperan que tras un período de tiempo trabajando juntos, los miembros del equipo llegarán a ser amigos. Sienten que les han fallado a sus equipos si no lo logran. Las amistades son magníficas, pero no constituyen un equipo de alto desempeño. La profundidad de las capacidades, los conocimientos y la experiencia es lo que en última instancia constituye un equipo de alto desempeño.

Paso 6: Comparta el propósito general

Hable de por qué se formó el equipo, su propósito o meta general, y cómo encaja en la misión del departamento o la organización. Aclare cualquier error conceptual que tengan los miembros del equipo acerca del propósito del equipo o por qué se formó. Si se trata de un equipo existente, compruebe que todos los miembros estén de acuerdo en cuanto al propósito del equipo.

Paso 7: Nombre del equipo

Si es viable en su organización, haga que los miembros del equipo le den nombre al equipo recién formado. Si se trata de uno existente sin un nombre, pida que sus miembros creen uno. El nombre debe reflejar el propósito o el trabajo del equipo. Siempre es mejor que los miembros nombren solos el equipo, sin su ayuda; si no pueden, ayúdeles. Por supuesto, tendrá que darles ciertos parámetros en cuanto a lo que es y lo que no es aceptable. Esta es una forma fabulosa de comenzar una relación con su equipo. Ellos notarán inmediatamente que usted está permitiéndoles tomar una decisión. El nombre del equipo también da a los miembros un sentido de identidad, y es una de las primeras formas en que usted hace que los miembros del equipo se integren.

Si puede, evite nombres para el equipo que impidan que otros en la organización entiendan lo que hace el equipo. Algunos equipos se salen de órbita y resultan con nombres muy innovadores o creativos pero nada prácticos para el ambiente o la cultura organizacional. Una vez trabajé en una organización en que nombraron uno de los equipos como Ruta 66. La empresa manufacturaba cubiertos y artículos de cristal. No podía entender qué tenía que ver Ruta 66 con esos productos. Entonces pregunté y me dijeron que al equipo le gustó el nombre y por eso decidieron usarlo.

El nombre del equipo necesita identificar principalmente lo que hace este. En esta etapa el nombre del equipo no debe ser escrito en piedra. Deje que el equipo tenga la oportunidad de considerarlo durante unas semanas, y siempre deje abierta la posibilidad de cambiarlo.

Paso 8: Forje la declaración de la misión y las metas del equipo

La declaración de la misión debe ser escrita e identifica el propósito del equipo o su razón de ser. La declaración de la misión por lo general se redacta en una o dos oraciones, y no describe en qué forma el equipo alcanzará su propósito, solamente dice cuál es. He aquí un ejemplo: «El equipo Gamma establecerá protocolos para probar la eficacia de todos los medicamentos experimentales elaborados por la Corporación XYZ».

La declaración de la misión del equipo debe reflejar también o alinearse con la misión general de la organización. Muchos equipos de alto desempeño incluyen una declaración de la misión en todos sus documentos o la literatura que publican, o la fijan en sus áreas de trabajo para que todos la vean, y como un recordatorio para sí mismos.

Al igual que con el nombre del equipo, los miembros deben tratar de surgir con la declaración de la misión por sí mismos. Esto los fortalece, les da un sentido de orgullo y será uno de sus primeros logros como equipo.

Otra razón muy fuerte por la cual tener una misión de equipo es para conservar el rumbo. A veces se topará con equipos o individuos cuyo enfoque en el trabajo tiene poco que ver con la misión del equipo. Cuando se presente esto, pregúnteles cómo se relaciona lo que están haciendo actualmente con la misión del equipo. Esa es una manera muy fácil y no antagónica de hacerles retomar el rumbo.

Una vez que escriba la misión del equipo, necesita establecer metas para cada miembro. Las metas deben alinearse con la declaración de la misión del equipo. Los miembros deben saber en qué manera sus metas contribuyen también al propósito mayor de la organización. Al establecer metas, es mejor pedir a los miembros del equipo que presenten lo que creen que son sus metas, revíselas y llegue a un acuerdo sobre lo que son sus metas realmente. También es posible fijar metas para todo el equipo y luego dejar que ellos mismos descifren lo que cada miembro necesita hacer para lograr dichas metas. Recomiendo que no haga esto en las etapas iniciales del desarrollo del equipo. Es mejor que ayude a cada integrante del equipo a establecer su propio juego de metas. Cuando un equipo alcance los niveles más altos de desempeño podrá fijarse sus propias metas.

Al escribir las metas para cada integrante del equipo, es mejor seguir el famoso método SMART. Este método declara que todas las metas deben ser específicas, medibles, realizables, adecuadas y con plazos de tiempo.

Asegúrese de que las metas sean muy específicas para que los integrantes del equipo sepan exactamente qué tienen que hacer. También es mejor tener métodos claros para medir si la meta ha sido cumplida. Es aun mejor si el integrante mismo del equipo puede evaluar cómo va.

A la hora de fijar metas, es una buena idea asegurarse de que el miembro del equipo realmente pueda cumplir la meta. Tal vez desee esforzar un poco a los integrantes del equipo para que puedan lograr más de lo que pensaron inicialmente que podían. Pero si la meta no es realista o es demasiado difícil de lograr, estará exponiéndolos al fracaso y la frustración.

Las metas también deben ser apropiadas y, como dijimos, estar relacionadas con la declaración de la misión del equipo y la misión de la organización entera. Cada individuo del equipo debe estar en condiciones de explicarle a usted o a cualquier otra persona, por qué su meta es importante para lo que hace la organización.

Por último, cada meta debe tener un plazo de tiempo para que pueda ser medida en algún momento. Los plazos de tiempo pueden variar y ser temporales o definitivos. Por ejemplo, un margen de tiempo podría ser cada día, cada mes o al final del año.

Las cosas cambian en los equipos, en los departamentos y en las organizaciones. Eso significa que usted tiene que repasar y revisar cada meta de los miembros del equipo en forma oportuna. Uno nunca quisiera que un integrante del equipo trabaje en una meta que ya no es práctica ni necesaria. También, como mencioné antes, usted querrá evaluar tanto el desempeño del equipo como el de cada integrante para contemplar qué tan bien han logrado sus metas.

Paso 9: Asuntos del equipo de base

La discusión de los asuntos del equipo de base será su primera demostración de la eficiencia con que puede facilitar discusiones. Aquí usted está dejando una primera impresión, así que es muy importante que tenga éxito. Si lo logra, habrá tenido un gran comienzo con el equipo. Por eso es que debe estar bien preparado antes de dar el paso 9, porque contiene mucha información vital para el funcionamiento del equipo.

El tiempo dedicado a plantear y discutir asuntos del equipo de base depende de la complejidad de las metas del equipo, de las relaciones entre sus miembros y su nivel de competencia, tanto técnica como de equipo. Si puede arreglarlo, disponer de uno o dos días fuera de la empresa para desarrollar este paso, y tal vez los demás pasos de la formación de equipos, sería una sabia decisión de su parte. Esto no sólo permitirá que usted y el equipo se concentren exclusivamente en estos pasos, sino que de esta manera estará bien encaminado a desarrollar la camaradería y la cohesión del equipo.

Los siguientes puntos se discuten con frecuencia en dichos tiempos:

- Las actividades específicas y los plazos de tiempo de los cuales usted va a responsabilizar al equipo
- Su filosofía acerca de los equipos y la importancia de la misión de ese equipo
- Cómo piensa dirigir el equipo ahora, y su visión de cómo cambiará su enfoque administrativo en el futuro
- Cómo y por qué desea que los miembros del equipo trabajen unos con otros ahora y en el futuro
- Los roles y las responsabilidades específicas de cada miembro del equipo y los procedimientos particulares que debe seguir cada persona para cumplir a cabalidad con su trabajo
- Cómo llegará a ser interdependiente el equipo ahora o en el futuro, y cómo funcionará eso
- Los recursos con que cuenta el equipo de trabajo: equipo, suministros y personal (de base, adicional y externo)
- Logística: dónde y cuándo se reunirá el equipo y las responsabilidades que podrían tener los miembros en tales reuniones
- Programas de capacitación: en qué forma usted u otras personas van a trabajar con los miembros del equipo a fin de desarrollar tanto sus destrezas técnicas como de equipo

- Explicar lo que se quiere decir con destrezas de equipo y por qué son tan importantes (y este es el tiempo preciso para comenzar a hacer algunos ejercicios de formación de equipos)
- Discusiones en cuanto a cómo va a recompensar la organización al equipo por sus logros, y cómo eso hace responsable al equipo de obtener resultados
- Cualquier preocupación, preguntas, etc., que el equipo tenga en el momento

Paso 10: Establecer normas de equipo

El último paso del proceso de arranque en el desarrollo y la formación de equipos de trabajo, es hacer que el equipo, preferiblemente a solas pero con alguna orientación suya si fuere necesario, establezca principios rectores, normas básicas o normas de equipo (todos estos términos son sinónimos). Las normas de equipo describen cómo interactúan sus miembros y cómo se comportan unos con otros, especialmente en las reuniones de equipo. Un gran error que cometen muchos administradores sin experiencia es decidir ellos mismos el contenido de estas normas e imponerlas a sus equipos. Si los equipos mismos crean las normas, habrá mayor probabilidad de que se ciñan a ellas. Les habrá dado un sentido de pertenencia.

Mi preferencia es hacer que los equipos creen sus normas en este punto del proceso de formación de equipos. Otros recomiendan que sean creadas más cerca al paso quinto o sexto de los diez del proceso. Estoy seguro que puede funcionar de ambos modos; pero prefiero hacerlo en este punto porque me gusta darles a los miembros del equipo la oportunidad de observar los comportamientos de cada uno y llegar a conocerse un poco más. Cuando ocurra esto, estarán mejor preparados para proponer las normas de grupo por las que quieren regirse.

Las normas de equipo varían de un equipo a otro. Con frecuencia están basadas en la naturaleza del trabajo del equipo, el nivel de desarrollo del mismo y las personalidades de los miembros. Algunas de las normas de equipo más tradicionales o típicas incluyen el respeto a los puntos de vista diferentes, permitir que todos participen en las discusiones, hacer que sólo hable una persona a la vez, restringir las conversaciones paralelas, ayudarse mutuamente, poner al equipo por encima de cualquier interés personal, comenzar y terminar las reuniones a tiempo, ceñirse a la agenda, poder expresar su opinión cuando discrepe, sin que haya lugar a consecuencias o retribución, o hablar cuando los comportamientos de ciertos miembros del equipo sean problemáticos para el progreso del equipo.

Cada miembro del equipo debe recibir una copia de las normas de equipo. El equipo debe repasarlas con frecuencia. También recomiendo fijarlas en la pared o en el cartel de anuncios si el equipo tiene un lugar habitual de reuniones.

Las normas de equipo no son inmodificables. Se pueden descartar, modificar o se pueden agregar otras nuevas. Si yo tuviera que escoger una estrategia que, a nivel general, funcione mejor para controlar comportamientos difíciles de equipo y para hacer que las reuniones transcurran sin contratiempos, haría que los equipos de trabajo desarrollen normas bajo las cuales estén de acuerdo en funcionar.

Su trabajo apenas comienza

Después de cubrir los diez pasos para la formación de equipos, su trabajo, sin duda alguna, no ha concluido. De hecho, apenas está comenzando. El enfoque de su trabajo ahora es desarrollar su equipo, brindándole las capacidades técnicas y de equipo que requiere para ser tan autosuficiente e interdependiente como sea posible. Los equipos permanentes, comparados con los de proyectos, por lo general cuentan con un espacio de tiempo mucho mayor para pasar por el proceso de los diez pasos.

También tenga en cuenta que cuando sale un miembro del equipo o cuando llega uno nuevo, todo vuelve a cero. Usted y su equipo tendrán que volver a pasar de nuevo por la mayoría de los diez pasos. Durante y después de terminar los pasos 5 al 10, necesita realizar reuniones de equipo en forma regular para ver cómo está progresando el trabajo y cómo se están llevando unos con otros. La forma en que dirija sus reuniones tendrá un gran impacto en su relación con los miembros del equipo y en la forma en que ellos se desarrollen hasta llegar a ser un equipo de alto desempeño.

Ahora demos un vistazo a cómo dirigir una reunión exitosa.

11

DIRECCIÓN DE REUNIONES

Cuando su equipo se encuentre en el nivel de desarrollo, tendrá la responsabilidad de dirigir las reuniones solo. Así que debe determinar el contenido y el ritmo de las reuniones. Cuando mejore el desempeño de su equipo de trabajo, transfiérale gradualmente muchas de las responsabilidades de las reuniones. Y cuando ellos alcancen los niveles más altos de desempeño, se encargarán de dirigir sus propias reuniones. A menudo los equipos de alto desempeño rotan su liderazgo o el miembro del equipo con más experiencia en asuntos de reuniones se hace cargo.

Las responsabilidades principales en la dirección de reuniones, durante el tiempo en que su equipo esté en desarrollo, incluyen:

- *Establecer el propósito de las reuniones.* Usted debe saber de antemano cuál es el motivo de la reunión y qué desea llevar a cabo.
- *Decidir qué miembros participarán en la reunión.* En las etapas iniciales sugiero que todos los miembros del equipo asistan. A medida que el equipo se desarrolle, y si las reuniones son sólo para repasar o tratar ciertos aspectos del trabajo del equipo, entonces sólo deben asistir los miembros que realmente necesitan estar allí. Sin embargo, si la reunión es para hablar de cómo va el equipo o de su progreso o qué tal están trabajando los miembros en forma interdependiente, entonces todos deben estar presentes.
- *Coordinar la logística de las reuniones.* Realice la reunión en un sitio en que usted y los miembros del equipo de trabajo no sean perturbados. Cerciórese de que todo el equipo tecnológico, si están usando alguno, funcione. Haga

eso antes de empezar la reunión. Y si necesita algunos útiles o refrigerios, asegúrese también de que estén allí antes de empezar la reunión.

- *Comenzar las reuniones a tiempo.* Usted querrá comunicar que el tiempo de todos es valioso. Nunca debe hacer que algunos miembros del equipo tengan que esperar a que lleguen otros. Y si va a invitar a la reunión a un miembro del personal adicional o externo, asegúrese de que esa persona esté allí a tiempo también. Un gran error que cometen los que dirigen reuniones de equipo es no empezar hasta que llegue alguien «importante» que se retardó. Esto mina la confianza que tienen los integrantes del equipo de trabajo en usted. También es muy importante que termine a tiempo. Los integrantes del equipo tienen trabajo pendiente, llamadas que hacer, y tal vez deban asistir a otras reuniones. Llevar a cabo reuniones es una propuesta costosa. Usted está sacando a los miembros del equipo de su trabajo habitual. Eso es costoso. Trate de hacer que las reuniones sean lo más breves posibles. Por otro lado, las reuniones, especialmente aquellas que abordan el funcionamiento del equipo, son imperativas para que su equipo tenga éxito.

- *Crear una agenda específica.* Prepare una agenda con anticipación y distribúyala a todos los que van a asistir a la reunión. Cada punto de la agenda debe tener un plazo de tiempo asignado a él, y es importante ceñirse a ese plazo. Asigne algunos puntos de la agenda a diferentes miembros del equipo. Eso hará que participen más en la reunión, convirtiéndola de esta manera en la reunión de ellos y suya; y habrá comenzado a fomentar el compañerismo. Si un miembro del equipo o un invitado mencionan un tema que no está relacionado con la agenda, aplácelo. Muchos dirigentes de reuniones exitosos tienen en el salón lo que se conoce como cuadro de estacionamiento. Cuando alguien quiera discutir algo que no está en la agenda, el tema se escribe en una nota recordatoria adhesiva y se coloca en el cuadro de estacionamiento. Si hay tiempo al final de la reunión, el equipo trata el tema. Si no, se pasa a la agenda de la siguiente reunión. A medida que su equipo se desarrolle, puede involucrarlo en la elaboración de la agenda.

- *Controlar el trámite de la reunión.* Asegúrese de que la reunión transcurra sin contratiempos. Enfrente cualquier comportamiento difícil o desafiante de los participantes, haciendo alusión a las normas que estableció durante los diez pasos para la formación de equipos. Anímelos a todos a participar y crear un ambiente en que eso pueda darse. Habrá algunos miembros del equipo que no se sentirán cómodos participando en las reuniones, especialmente cuando un equipo está comenzando a desarrollarse. A menudo le digo a ese tipo de personas, antes de la reunión, que estén preparadas para hablar sobre un tema específico o que espero que expresen sus opiniones sobre uno de los asuntos de la agenda. Casi siempre da resultados. Estos miembros del equipo se sienten más confiados para participar.

Como líder de la reunión, quizás necesite ayuda. Es decir, tal vez no pueda hacer todo solo. Posiblemente desee que un par de personas del equipo asuman algunas de las responsabilidades del liderazgo de las reuniones. Por ejemplo, podría tener una persona encargada del tiempo, alguien que esté pendiente de que la reunión avance conforme al horario. También podría encargar a alguien de tomar notas para que al final de la reunión resuma los puntos principales y envíe dicho resumen a todos los miembros del equipo. Y cuando se termine la reunión podría designar a alguien para que dirija una discusión en cuanto a cómo salió todo y qué podría hacer diferente el equipo la próxima vez.

Mantenga a mano la siguiente lista de siete pasos. Ella le recordará en qué debe pensar para tener una reunión productiva.

1. ¿Es realmente necesaria la reunión? ¿No podría llevar a cabo una reunión virtual o enviar la información por correo electrónico?
2. ¿Qué resultados espero de la reunión?
3. ¿Qué temas o asuntos vamos a tratar?
4. ¿He desarrollado mi agenda con plazos de tiempo y la he distribuido antes de la reunión?
5. ¿Cómo voy a medir los logros?
6. ¿Qué papel voy a desempeñar y qué otros papeles necesitamos?
7. ¿Quiénes deben asistir a la reunión?

Conclusión

En esta parte del libro hemos considerado lo que implica para un administrador sin experiencia (y su organización) ingresar al rol de formador de equipos. El administrador sin experiencia tiene que desarrollar un nuevo conjunto de destrezas, lo cual incluye las destrezas fundamentales y de liderazgo, y saber cuándo usar cada una. Tiene que evitar las barreras que frecuentemente hacen fracasar los equipos de trabajo: su propia actitud, enviar mensajes mezclados sobre la importancia del trabajo en equipo y castigar a los equipos de alto rendimiento. Un administrador principiante también debe reconocer que todo cambio pasa por tres etapas clásicas y que ningún cambio tiene éxito hasta que uno alcance la tercera etapa: empezar de nuevo.

Nosotros repasamos los diez pasos importantísimos de la formación de equipos y discutimos cómo dirigir eficazmente reuniones de equipo y de persona a persona.

También hablamos de cómo entrevistar miembros potenciales que son nuevos en su equipo y la organización. La observancia de los pasos para la formación de equipos y la inclusión de todas las demás sugerencias de seguro le ayudarán a empezar en su nuevo papel de formador de equipos.

Después que haya dado los diez pasos para la formación de equipos y piense que el suyo está listo para crecer, podrá concentrarse en desarrollar un espíritu de equipo. Una vez que sus equipos desarrollen el espíritu de equipo, estarán bien encaminados a convertirse en equipos de alto desempeño. Existen cinco claves o señales de que su equipo ha desarrollado un espíritu de equipo:

- Tiene roles y responsabilidades claramente definidos.
- Tiene comunicación franca y honesta.
- Tiene un administrador/líder experto y que apoya.
- Tiene autoridad para tomar decisiones.
- Recibe recompensas y reconocimientos

En la tercera parte del libro vamos a examinar las cinco claves para desarrollar un espíritu de equipo y cómo incorporarlas a nuestro equipo.

TERCERA PARTE

DESARROLLE UN ESPÍRITU DE EQUIPO

12

ESPÍRITU DE EQUIPO, CLAVE # 1: ROLES Y RESPONSABILIDADES CLARAS

CADA INTEGRANTE DEL equipo debe saber exactamente cuál es su papel y sus responsabilidades específicas en el trabajo, y qué se espera de él. También debe conocer los roles, responsabilidades y expectativas de los demás miembros del equipo. Cuando todos hayan alcanzado este conocimiento, estarán en camino a desarrollar la primera clave del espíritu de equipo. He conocido muchos equipos cuyos integrantes no estaban al corriente de qué hacían exactamente los demás. Es muy difícil llevar a estos equipos a un nivel participativo o autónomo. De hecho, la falta de cualquiera de las cinco claves para el desarrollo de un espíritu de equipo es un obstáculo para desarrollar equipos de alto desempeño.

El beneficio de tener roles y responsabilidades claras es que los miembros del equipo entienden mejor cómo serán alcanzadas las metas del equipo y a quién recurrir en caso de necesidad, o cuando un trabajo o función particular no se está llevando a cabo o no está siendo ejecutado. Además, cuando cada miembro del equipo de trabajo conoce claramente cuál es su rol y sus responsabilidades, entiende mejor cómo encaja su trabajo en el plano general de lo que el equipo, el departamento y la organización buscan lograr.

Roles técnicos

Cuando los miembros del equipo están empezando a conocer los roles y responsabilidades de unos y otros, es muy práctico que cada uno prepare una descripción de sus responsabilidades con el equipo. Dichas descripciones aumentan la comprensión de cada miembro en cuanto a los deberes de sus colegas y aclara el papel técnico de cada uno.

Las siguientes preguntas son útiles para reunir dicho inventario:

1. ¿Cuáles son las mayores tareas y productos a su cargo?
2. ¿Qué tareas o productos debe coordinar con otros miembros del equipo de base?
3. ¿Qué aspectos de su trabajo son poco claros para usted? ¿Qué aspectos del trabajo de otros no son claros para usted?
4. ¿Qué responsabilidades no está atendiendo el equipo de trabajo?
5. ¿Necesita el equipo de trabajo otros conocimientos técnicos que sus actuales miembros no pueden brindar? ¿Necesita el equipo personal adicional o externo?

Sugiero también la creación de un banco de datos electrónico con las destrezas técnicas de su equipo o para su equipo. Para eso, los miembros del equipo de trabajo enumeran todas sus capacidades técnicas actuales, su nivel de especialización en ellas, cualquier título o certificación adquirida, cursos especiales que hayan tomado, etc. Con un banco de destrezas funcionando, los miembros del equipo sabrán a quién contactar en caso de necesitar ayuda o asistencia. En realidad, cada compañía debería contar con un banco de datos con las destrezas técnicas de cada integrante del personal. La mayoría de las empresas, cuando crean un banco virtual de destrezas a nivel de toda la empresa, se dan cuenta de que ya tienen en casa muchos de los talentos que necesitan y no tienen que contratar consultores.

Roles de tarea y de proceso

Además de tener roles técnicos o de pericia profesional claramente definidos, los miembros del equipo de trabajo tienen que aprender y asumir otros roles para desarrollar un espíritu de equipo. Estos otros se conocen como roles de tarea y de proceso. Los roles de tarea y de proceso son parte del desarrollo de las capacidades de equipo y son muy importantes si los miembros del equipo han de llegar a un nivel de alto desempeño.

Cuando un equipo está en las etapas iniciales de su desarrollo, el líder o director del equipo asume la responsabilidad de desempeñar todos o la mayoría de los roles de tarea y de proceso. Pero a medida que los equipos de trabajo aprenden más a trabajar solos y se vuelven más interdependientes, sus miembros asumen gradualmente tales roles. Los roles de tarea y de proceso pueden ajustarse de manera natural para algunos miembros del equipo, pero la mayoría necesitará que les enseñen qué son, cómo usarlos y que se les diga luego cómo los están desempeñando. Aprender y llegar a sentirse cómodo con esos roles debería ser parte de todos los programas de formación de equipos. En el mejor de los casos, su organización brinda este tipo de capacitación de equipos.

Roles de tarea

Los roles de tarea ayudan al equipo a lograr sus metas. Ayudan a llevar a cabo un trabajo rápida y eficientemente. Hay cinco tipos de roles de tarea.

1. *El iniciador.* El iniciador ayuda al equipo a arrancar. Él o ella hace esto al sugerir o plantear asignaciones, proyectos, tareas o metas y los plazos de tiempo requeridos. El iniciador o la iniciadora también hace que el grupo defina claramente cuáles serán sus roles y responsabilidades específicas en la tarea o proyecto, qué procedimientos deben seguir y con quién deben interactuar para ejecutar el trabajo.

2. *El cerrador.* El cerrador ayuda al equipo a tomar decisiones y le recuerda a la gente las fechas límite. No sería inusual que alguien asuma este papel, hable directamente con un miembro del equipo y haga que acabe la parte pendiente del proyecto o trabajo. Este rol se enfoca mucho en los resultados finales.

3. *El clarificador.* Este rol aclara cualquier malentendido o confusión acerca del trabajo que está efectuando el equipo. El clarificador también ofrece ejemplos para ayudar al equipo a entender asuntos específicos, detalles u opiniones diferentes en cuanto a cómo debería proceder el equipo. Adicionalmente, los clarificadores ayudan a los miembros del equipo que quizá no dominen el lenguaje o la terminología del equipo.

4. *El buscador de visión.* Esta persona pide al equipo sus opiniones durante las reuniones y discusiones. También pide ideas nuevas o innovaciones para mejorar cualquiera de los procesos o procedimientos de trabajo vigentes.

5. *El experto en la materia (EEM).* Esta persona ofrece hechos o información adicional práctica. El EEM hace sugerencias en cuanto a cómo puede mejorar el equipo cualquier aspecto de sus productos o procesos específicos. El EEM puede tener conocimientos, experiencia o destrezas que ningún otro miembro posee.

Roles de proceso

Los roles de proceso ayudan a que el equipo trabaje junto más eficazmente. Estos roles apoyan la moral del equipo, ayudan a su comunicación, a desarrollar la camaradería y fomentan un ambiente divertido y motivador en el cual todos los miembros contribuyen al máximo. Existen cuatro clases de roles de proceso.

1. *El comunicador.* Esta persona ayuda al equipo de trabajo a comunicarse animando a todos a participar, pidiendo que las personas digan lo que piensan si no lo han hecho, facilitando el debate de ideas, evitando que ciertos miembros monopolicen el tiempo del equipo y siendo ejemplo como oyente activo. Les recuerda a sus compañeros de equipo las normas de comportamiento y los somete a ellas.

2. *El observador del proceso.* Durante las reuniones o discusiones de equipo este individuo o individuos observan cómo funciona el grupo como equipo y expresan su opinión al final de la reunión o al comienzo de la siguiente. Su opinión incluye comentarios acerca de cómo se comunicó el equipo de trabajo, si algunos miembros parecían abstraídos, si el equipo se ciñó a la agenda y al horario, si el comportamiento de algún compañero fue destructivo, y cómo se desempeñó el líder del equipo, si hubo alguno. Los siguientes son ejemplos de preguntas que el observador del proceso podría hacer:

- ¿Cuál es la calidad de nuestra interacción laboral?
- ¿Estamos aportando comentarios personales y relacionados con el trabajo?
- ¿Existen resentimientos de fondo?
- ¿Cuán francos somos unos con otros?
- ¿Qué necesitamos para confiar los unos en los otros?
- ¿Compartimos nuestras impresiones en cuanto a los demás?
- ¿Cuán satisfechos estamos con los demás y con nuestra interacción?
- ¿Hay individuos que no están haciendo su parte o están impidiendo que otros hagan la suya?
- ¿En qué forma estamos demostrando nuestra interdependencia?
- ¿Trabajamos juntos con bríos, emoción y entusiasmo?

3. *El motivador o el que apoya.* Los equipos o los individuos a veces pierden su nivel de energía o su entusiasmo al dar con algún obstáculo o cuando el proyecto o el trabajo resultan más difíciles de lo que pensaron inicialmente. Es en esos momentos que el equipo de trabajo necesita de alguien que asuma el papel de motivador. El motivador anima e inspira a los demás a seguir adelante, crea un ambiente ameno, hace muchos comentarios positivos y sitúa las situaciones tensas en su contexto más amplio. Esta persona también está allí para apoyar a cualquier compañero que pueda

estar pasando por un tiempo sumamente difícil. El motivador actúa como un confidente (o alguien con quien desahogarse).

4. *El reportero público.* Cuando dirigía equipos, siempre me tranquilizaba cuando alguno de los miembros del mío resultaba fabuloso en este papel. Realmente ayudaba al equipo a sentirse bien en cuanto a lo que estaban haciendo y, como en el caso del rol motivador o de apoyo, mantenía en alto la motivación. Los reporteros públicos van de un lado a otro del departamento o la organización hablando a todos de cuán bien se está desempeñando el equipo de trabajo (¡con suerte, es cierto!). Como resultado de los esfuerzos de los reporteros públicos, siempre tenía individuos de otros equipos o departamentos tratando de ingresar a los míos, y la alta gerencia siempre les daban a mis equipos los recursos que necesitaban.

Rotación de roles

Algunos miembros gravitarán de forma natural hacia ciertos roles de tarea o de proceso. Lo hacen porque han tenido experiencia con esos roles o porque tienen la capacidad o incluso la personalidad para desempeñarlos bien. Esto es magnífico si llega a suceder en sus equipos. Sin embargo, yo sugeriría que cada integrante del equipo aprenda cada uno de esos roles, en caso de que necesiten desarrollar esas destrezas o no asuman de forma natural ciertos roles. Muchos directores de equipo experimentados rotan con regularidad los diferentes roles de tarea y de proceso entre los miembros del equipo, garantizando de esta manera que cada miembro pueda desempeñar cualquiera de los roles.

Realmente quiero destacar la importancia de que los miembros del equipo posean estas destrezas de tarea y de proceso, las cuales forman parte de lo que denomino como destrezas de equipo. Muchos administradores sin experiencia se enfocan en lo que los equipos o sus miembros saben a nivel técnico. Pero también deben prestar atención a cómo trabajan juntos para lograr resultados. Un equipo puede tener elementos muy capacitados y muy experimentados, pero sin las capacidades de tarea y de proceso será improbable que logren las metas por sí mismos.

Cuando esté desarrollando sus equipos, debería hablar constantemente de cómo están trabajando juntos y no sólo de cómo sigue el trabajo en sí o los proyectos. Coloque siempre este asunto como uno de los puntos de la agenda de las reuniones de equipo. Con frecuencia lo pongo a la cabeza de la agenda cuando el equipo tiene problemas. Los equipos que alcanzan los niveles participativo o autónomo por lo general hacen sus propios análisis. Eso es resultado de ser entrenados en el trabajo de equipo. Pero puede haber ocasiones en que usted tenga que intervenir y dirigir la discusión.

El rol de administrador o jefe de equipo

Como ya dije, su tarea principal en el desarrollo de equipos es convertir a su equipo en uno de alto desempeño, teniendo en cuenta que es posible que no todos los equipos alcancen ese nivel. Un equipo de alto desempeño alcanza metas, se comunica bien, sus miembros trabajan en forma interdependiente para cumplir a cabalidad su trabajo y la participación diaria del administrador no es necesaria.

La manera de desarrollar un equipo de alto desempeño es brindar a sus miembros las destrezas técnicas y de equipo que necesitan; este es el aspecto formativo de su trabajo. Usted también necesita ayudarles con cualquier problema o conflicto de rendimiento; este es el aspecto orientador de su trabajo. A la larga usted deseará que ellos asuman el control y se gobiernen a sí mismos; eso es lo que llamamos delegación de trabajo.

Tenga en mente que cuando delega, usted no desaparece. Usted siempre va a tener que estar involucrado con sus equipos, sin importar el grado de desempeño que lleguen a alcanzar. La medida de su participación dependerá del nivel al que lleve a su equipo. Delegar significa dejar que el equipo asuma responsabilidades pero, por favor, tenga en cuenta cuáles responsabilidades debe reservarse siempre para usted, incluso cuando un equipo alcance el nivel autónomo. Estas incluyen:

- Asegurarse de que el equipo va por buen camino y alcanzará sus metas. El equipo podría incluso escoger sus propias metas, pero en última instancia usted es el responsable de alcanzarlas.
- Asumir la responsabilidad si el equipo no tiene éxito. Recuerdo una vez que trabajé en un equipo que resultó un desastre. El jefe nos dio un regaño muy fuerte por hacer, como él dijo: errores «tan increíbles». Pero obtuvimos nuestra venganza. Sucedió que el superior de él estaba lo suficientemente cerca para oír lo que dijo mi jefe. Frente a nosotros, lo cual probablemente no fue una buena práctica administrativa, el jefe de mi jefe dijo (y nunca olvidaré sus palabras): «Como jefe de un equipo de trabajo en esta empresa, usted es el responsable en última instancia de todo el trabajo que hace su equipo. Ellos reciben orientación cuando cometen errores para no volver a cometerlos. Pero ¡sobre usted recae la culpa!»
- Recordarle al equipo sus metas y cómo se alinean con las de la organización, es decir, compartir el panorama general o la visión.
- Permanecer como punto de contacto para otros equipos, departamentos o individuos.
- Darle al equipo o a un miembro de este la dirección o el apoyo necesarios.
- Brindar o conseguir los recursos que necesite el equipo.

13

ESPÍRITU DE EQUIPO, CLAVE # 2: COMUNICACIÓN FRANCA Y HONESTA

LA SEGUNDA CLAVE para desarrollar un espíritu de equipo es tener una comunicación franca y honesta entre usted y los miembros. Siempre digo a los equipos de trabajo y a sus administradores o líderes que recuerden las tres C: comunicación constante y continua. Las tres C evitan muchos problemas futuros y mantienen al equipo de trabajo enfocado en sus metas. Es un método muy preventivo porque aborda asuntos antes de que se conviertan en problemas graves.

Podemos dividir la comunicación franca y honesta en seis componentes. Si usted o su equipo pueden evidenciar a diario estos seis componentes, puede estar seguro de que su equipo de trabajo ha llegado a dominar la segunda clave del espíritu de equipo.

Los seis componentes de una comunicación franca y honesta

- *Es oportuna.* Cuando los administradores o los miembros del equipo notan o se percatan de que uno de sus compañeros está haciendo algo que puede hacer daño o retrasar el trabajo del equipo, reaccionan.
- *Es de doble vía.* Cada miembro del equipo de trabajo se siente cómodo al comunicarse con el director del equipo, el líder o con otros integrantes del

equipo y, a su vez, el director u otros miembros del equipo reciben bien dicha comunicación. El director promueve una comunicación de doble vía al hacer hincapié en la importancia del equipo, elogiando a los miembros del equipo por comunicarse con él y por estar dispuestos a recibir comunicación hasta donde les sea posible.

- *Es apreciada.* Todos los comentarios, sugerencias y opiniones de los integrantes del equipo de trabajo y el administrador son apreciados. El punto de vista de cualquiera puede resultar ser el más valioso para el éxito del equipo. Los individuos no son menospreciados por lo que dicen. La comunicación se presenta siempre de una manera que no afecta la autoestima del miembro del equipo.

- *Se promueve.* Algunos miembros del equipo vacilan un poco para comunicar o compartir sus opiniones porque pueden ser tímidos, o piensan que lo que tienen que decir no es importante o están respondiendo a indicaciones culturales. Es decir, pueden sentir presión de no expresar lo que piensan por estar en desacuerdo. Los miembros de equipos de alto desempeño promueven la participación de sus colegas y los animan a expresar sus puntos de vista y sus opiniones.

- *Se entrega en una forma desapasionada.* Algunos miembros de los equipos se agitan de vez en cuando. Se pueden disgustar por una demora o se pueden enojar porque un compañero del equipo no está haciendo su parte. No hay nada malo con las emociones, y es bueno que los miembros de los equipos expresen que están enfadados, disgustados, afligidos o lo que sea. Sin embargo, para que la comunicación sea efectiva, los miembros del equipo deben usar palabras que describan cómo se sienten en lugar de demostrar cómo se sienten. Los miembros de los equipos también tienen muchas emociones positivas y deben ser alentados a expresarlas.

- *Es clara y comprensible.* Para tener una comunicación franca, es necesario que todos los miembros del equipo de trabajo entiendan cuál es el mensaje. Su comunicación debe ser clara; precisa; libre de lenguaje técnico o coloquial; y sólo usar acrónimos, abreviaturas, palabras o frases que los demás puedan entender. Ellos se hacen entender. Hacen saber a sus compañeros cuándo no se están expresando en forma clara y comprensible. Una administradora me contó hace poco su gran estrategia para desarrollar una comunicación clara y comprensible entre los miembros de su equipo. Ella pidió que cada integrante del equipo de trabajo trajera a una reunión copias de los últimos diez mensajes de correo electrónico de negocios recibidos de otros compañeros del equipo. Luego repasaron juntos dichos mensajes para ver cuán claros, precisos y comprensibles eran. Ella dijo que eso comunicó estupendamente el mensaje.

Mientras estamos en nuestra sección de la comunicación, quiero mencionarle dos situaciones de comunicación que todo administrador sin experiencia debe tener presentes. La primera tiene que ver con una trampa de la comunicación en que caen los equipos: el pensamiento colectivo. Y la segunda tiene que ver con cómo comunicarse con un equipo virtual.

El pensamiento colectivo

El éxito de un equipo depende de la habilidad de sus miembros para compartir sus pensamientos, opiniones y desacuerdos de un modo franco, honesto, directo y constructivo. Un comportamiento muy peligroso de la comunicación que a menudo surge en los equipos es el pensamiento colectivo. Esto lleva a los equipos a tomar decisiones incorrectas o ilógicas.

El pensamiento colectivo se da cuando uno o más miembros del equipo de trabajo comienzan a permanecer callados cuando tienen ideas o sugerencias que difieren del resto del equipo. Este fenómeno se presenta cuando un equipo de trabajo se está desempeñando a un nivel alto y sus miembros se están llevando demasiado bien unos con otros. Tal vez un miembro del equipo no quiera alterar el buen funcionamiento del equipo ni entorpecer el progreso, tal vez piense que no tiene tanta competencia como otros compañeros, tal vez tema la ira de otros, o no quiera estar en contra de lo que considera son los deseos o el consenso del equipo. Esto es peligroso porque suprime ideas que pueden ser valiosas para el éxito del equipo de trabajo. Para evitar el pensamiento colectivo, los miembros del equipo deben alentar a todos a decir lo que piensan, incluso si se contrapone al consenso general. Los equipos deben ser informados con relación a qué es el pensamiento colectivo y cómo evadir su impacto. Como administrador, esté atento a ciertos indicios de que su equipo está dentro del pensamiento colectivo o a punto de ingresar a él. Algunas de las señales más obvias incluyen un integrante del equipo que es dominante y está tomando el control, justificación de malas decisiones, el sentimiento de que no hay decisiones equivocadas, no dar lugar a las opiniones de los demás, del personal externo o el adicional, no ser críticos de otras opiniones, y proponer pocas o sólo una alternativa a un problema.

El caso de Karol y el pensamiento colectivo

Karol se unió al equipo hace unos seis meses. Trabajó en equipos durante años en su país natal. Sin embargo, los que ella integró fueron equipos de trabajo en que los administradores mandaban y tomaban las decisiones. Su equipo actual es muy diferente. Sus miembros toman las decisiones con la ayuda del gerente. A Karol le tomó un tiempo acostumbrarse a esa nueva forma de trabajo, pero ahora le gusta y siente que es un miembro importante del equipo.

Hace un par de semanas, en una reunión de equipo que se celebró para tomar decisiones en cuanto a los procesos de trabajo, Karol tenía una sugerencia para mejorar uno de dichos procesos. Pero no la mencionó porque pensó que a nadie más le interesaría, y no quería tener un punto de vista diferente al resto del equipo. Karol probablemente habría compartido sus pensamientos si alguien le hubiera preguntado si tenía nuevos métodos o innovaciones para los procesos habituales. Lamentablemente, ninguno lo hizo. Ella sabía por la capacitación del equipo en cuanto al pensamiento colectivo que debía haber dicho lo que pensaba, pero no lo hizo. Quizás si alguien más hubiera hecho una sugerencia de perfeccionamiento, ella también lo habría hecho.

Ayer, en la reunión semanal del equipo, se analizó el proceso de trabajo sobre el que Karol tenía la sugerencia. Al parecer el proceso no estaba funcionado muy bien y los clientes estaban reclamando. A Karol le parecía que su sugerencia habría evitado dichos reclamos. Karol finalmente habló y dijo: «Me siento muy mal. Se me ocurrió una forma en que habríamos podido evitar esos reclamos, pero en nuestra reunión de toma de decisiones fui víctima del pensamiento colectivo. Pensé que todos estaban contentos con el proceso establecido y no quise causar problemas». Luego habló otra integrante del equipo. Ella dijo que también sintió que iban a tener problemas con el proceso, pero también creyó que tal vez era la única que pensaba diferente en el equipo. Luego un par de compañeros también expresaron la misma idea. Era evidente que Karol no era la única en esa situación, pero debido al pensamiento colectivo, ella y sus demás compañeros guardaron silencio.

Comuníquese con un equipo virtual

Los equipos virtuales son aquellos cuyos miembros no están físicamente reunidos. Se hallan geográficamente dispersos, a veces incluso en todo el mundo. Una vez asesoré a un equipo virtual de nueve miembros. Dos estaban en Australia, otros dos en Asia, uno en Norteamérica (yo), otros dos en Suramérica, uno en África y otro en Europa. El proyecto fue todo un éxito, y para mí fue una experiencia cultural fantástica; espero que para los otros integrantes del equipo lo haya sido también. Todo lo que hemos dicho hasta el momento en cuanto a equipos, como la importancia de desarrollar destrezas de tareas de equipo, destrezas de procesos de equipo, y capacidades fundamentales y de liderazgo, se aplica a los equipos virtuales también.

Sin embargo, los equipos virtuales enfrentan retos de comunicación adicionales. El hecho de trabajar en lugares diferentes hace que sus miembros se priven del contacto personal, cosa que sin lugar a dudas ayuda a desarrollar el espíritu de equipo y aumenta la comunicación eficaz. La comunicación personal de doble vía es el método más efectivo para comunicarse, porque los individuos pueden captar significado no sólo a través de las palabras sino también mediante la comunicación visual, tal como las expresiones faciales y el lenguaje corporal. Otros retos de la comunicación comprenden diferencias de idioma, asuntos de acento o pronunciación, diferencias culturales y las barreras de los husos horarios.

La tecnología hace posible la formación de equipos virtuales, pero la tecnología nunca sustituye la interacción humana. Y los administradores de equipos necesitan ser particularmente sensibles ante cualquier barrera de la comunicación. A pesar de que puede ser increíblemente costoso, animo a las organizaciones, si es del todo posible, a reunir físicamente los equipos virtuales ocasionalmente. Es muy provechoso reunir físicamente un equipo virtual al comienzo de un proyecto o cuando se forma el equipo. Este encuentro inicial crea un vínculo entre sus miembros y crea confianza. Sin ese vínculo y un alto nivel de confianza, los equipos virtuales podrán desempeñarse adecuadamente, pero es improbable que alcancen los niveles participativo o autónomo.

Muchos administradores sin experiencia me han contado que cuando sus empresas reunieron físicamente sus equipos virtuales, la productividad mejoró tremendamente. Si el costo es demasiado alto para la organización, los directores de estos equipos deberán ingeniarse cualquier forma concebible para que sus integrantes se comuniquen con regularidad. He hallado que las reuniones por Internet dan mejores resultados que las conferencias telefónicas. Es difícil para la mayoría de las personas concentrarse por más de diez minutos en una conferencia telefónica, mientras que la gente tiende a participar más en reuniones por Internet. Además, reuniones más breves pero más frecuentes parecen funcionar mejor.

Y lo crea o no, si los miembros de los equipos virtuales colocan fotografías de sus colegas y el resumen de sus biografías en las paredes de sus oficinas, en las computadoras o en cualquier otro lugar, las reuniones de equipo marchan mucho más fácilmente y se desarrolla más el espíritu de equipo. Como director del equipo de trabajo, debería pedirle a cada miembro del equipo virtual que preparare un video de cinco minutos presentándose a sí mismo, para luego distribuirlo a cada integrante. Esto les ayuda a sentirse más cómodos y familiarizados.

Los equipos virtuales son la norma en muchas organizaciones hoy. Y si usted no está actualmente vinculado a uno, probablemente eso cambie para usted en el futuro cercano.

14

ESPÍRITU DE EQUIPO, CLAVE # 3:
UN ADMINISTRADOR O LÍDER
EXPERTO Y QUE APOYA

LA SIGUIENTE CLAVE para desarrollar un espíritu de equipo es tener un administrador o líder de equipo experto y que apoye. Esto es sumamente importante cuando el equipo pasa por su fase inicial de desarrollo. Lograr que un administrador sin experiencia llegue a ser experto y alentador en relación con el trabajo en equipo es responsabilidad del mismo administrador o líder de equipo, los miembros del equipo y la organización.

Comencemos con esta última. La organización tiene la tarea de contratar individuos que puedan salir adelante en el ámbito de los equipos y en el papel de formadores de equipos, y luego capacitarles en administración, liderazgo y destrezas de equipo. Cuando las organizaciones hacen esto, resulta mucho más fácil para el administrador y sus equipos tener éxito en sus roles. Muchas organizaciones tienen programas de capacitación que llevan a cabo esto, mientras que otras envían sus nuevos administradores y formadores de equipos a tomar programas externos.

Los miembros del equipo deben comprender el papel del administrador como formador de equipos y aprender a apoyar sus esfuerzos. Los miembros también necesitan capacitación. Necesitan aprender cómo funciona un equipo, cómo toman decisiones, cómo comunicarse eficazmente, cómo trabajar con el director, los roles de proceso y de tarea, cómo motivarse mutuamente y tener actitudes positivas, etc. El administrador o líder vigente del equipo puede impartir esta capacitación si tiene las destrezas y la preparación para ello, o puede hacerlo un adiestrador especializado.

El tercer elemento para desarrollar un líder de equipo experto y alentador es el líder mismo. Él o ella deben comunicar su papel al equipo, lo que esperan de él y cómo van a trabajar con él con el objeto de convertirlo en un equipo de alto desempeño. Deben usar todas sus destrezas de equipo, incluyendo los roles de proceso y de tarea, así como también todas sus destrezas fundamentales y de liderazgo.

Hable de «nosotros» en lugar de «yo»

El lenguaje que emplea el administrador al dirigirse a su equipo con frecuencia revela sus actitudes hacia los equipos. A veces basta con una sola palabra para evidenciarlo.

Por ejemplo, en lugar de decir: «Debo mejorar nuestras relaciones con nuestros clientes», diga: «Debemos mejorar nuestras relaciones con nuestros clientes». En vez de decir: «Están en riesgo de no cumplir con la fecha de entrega», diga: «Estamos en riesgo de no cumplir con la fecha de entrega». En lugar de decir: «¿Quién cometió este error?», diga: «¿Cómo podemos mejorar esto?» Más que decir: «¿Qué van a hacer en cuanto a estos reclamos de los usuarios?», diga: «¿Qué deberíamos hacer en cuanto a estos reclamos de los usuarios?» En vez de decir: «Nuestros diseños no van a servir», diga más bien: «Debemos mejorar».

El administrador o jefe de equipo también debe estar al tanto de cómo se está comunicando en forma no verbal. Con mucha frecuencia una expresión facial particular, una mirada airada, la falta de contacto visual, poner los ojos en blanco o un tono sarcástico envían un mensaje a los miembros del equipo. Debemos tener mucho cuidado de no permitir que nuestra comunicación no intencionada tome precedencia sobre lo que estamos diciendo. Y como nos dicen los expertos en el tema, la comunicación es irreversible. Una vez que hemos dicho o comunicado algo en forma no verbal, no podemos retirarlo.

Escuche activamente

Posiblemente la mejor forma de demostrarle a su equipo que usted es un administrador que apoya, es ser un oyente activo. Nunca he conocido un miembro de un equipo que no le guste ser escuchado. Escuchar es un arte muy difícil, pero escuchar activamente lo es aun más.

Cuando uno está escuchando, oye sonidos, palabras y oraciones, y trata de darle sentido cabal a su significado. Esa es una comunicación de una vía. Cuando uno está escuchando activamente, está dejando que la otra persona, el miembro de su equipo, sepa que usted comprende o desea comprender lo que él o ella están comunicando. Uno puede comunicar esto haciendo preguntas, repitiendo con palabras propias lo que dice esa persona, alentándola a decir más o dando indicaciones no verbales de estar siguiendo lo que dice. Escuchar activamente es una comunicación de doble vía.

Cuando usted esté oyendo a los miembros de su equipo (o a cualquier persona), trate de concentrarse en el mensaje y no en «quién es» la persona que está enviándolo. Usted puede tener unos conceptos preconcebidos en cuanto a esa persona, y eso impedirá que escuche activamente. Entrénese a sí mismo para silenciar su voz interna y concentrarse únicamente en lo que está diciendo la otra persona. Preste atención no sólo a las palabras sino también a las emociones, ellas pueden revelar más que las palabras mismas. Pero, por otro lado, trate de no dejar que una respuesta emocional suya le impida oír el mensaje.

Hace unos años estaba trabajando con el presidente de una compañía de alta tecnología de Silicon Valley. Su vicepresidencia le había dicho que no era un buen comunicador y, sobre todo, que no era un oyente activo. Yo estaba orientándole en cuanto a las técnicas de la comunicación cuando me dijo: «Gary, ¿no existen acrónimos de la comunicación que pueda enseñarme para que al recordarlos pueda dar la impresión de que soy un oyente activo?»

En ese momento él tenía puesta una gorra de béisbol. La gorra [Nota del traductor: «cap» se traduce «gorra» en español] me recordó inmediatamente las siglas CAPS del oyente activo. Y le dije que tenía el acrónimo perfecto para él, que si lo usaba durante sus conversaciones, automáticamente mejoraría su capacidad de atención en un cincuenta por ciento.

Las siglas CAPS le obligan a uno a ser un oyente activo. La C significa clarificar. Durante una conversación diga algo como: «¿Está diciendo que...» o «Permítame asegurarme de que entiendo lo que está diciendo...» La A significa asentir. Deje saber al oyente que usted aún está allí y que su mente no se ha alejado. Diga algo como: «Estoy con usted» o «Lo entiendo». La P significa preguntar. Haga preguntas pertinentes durante la conversación. Y la S significa sintetizar lo que ha oído o pedir que la persona resuma lo que ha dicho. Hasta el día de hoy, ese presidente usa las siglas CAPS y ahora recibe comentarios muy positivos por sus destrezas de oyente activo.

Busque opiniones y comentarios

Recomiendo enfáticamente que el administrador sin experiencia, durante las etapas iniciales del desarrollo del equipo, busque opiniones y comentarios en cuanto a cómo se está comunicando con otros. La persona que exprese su opinión debe ser alguien que vea muy a menudo al administrador en acción. Podría ser un colega, otro administrador o un miembro del equipo. Tiene que ser alguien en quien el administrador confíe plenamente y piense que está suficientemente capacitado para dar una opinión. A medida que el equipo se vuelva más participativo y autónomo, ellos mismos se encargarán de hacer ese tipo de comentarios.

El mensaje incongruente

También he observado que muchos administradores sin experiencia envían mensajes confusos a sus equipos. Ellos dan un mensaje con sus palabras y otro diferente con su lenguaje corporal, sus expresiones faciales o el tono de voz. Debemos evitar ese tipo de mensajes incongruentes, pues causan muchos malentendidos y socavan la confianza del equipo.

Los administradores también deben ser muy conscientes de los comportamientos no verbales de los miembros de su equipo. Muchas veces dichos comportamientos revelan mucho más lo que los miembros del equipo están pensando y sintiendo que las palabras que emplean.

¿Cómo puedo lograr que confíen en mí?

Desarrollar una relación de confianza con su equipo toma tiempo y, por ser un administrador sin experiencia, no espere que eso resultará de la noche a la mañana. La confianza es un factor integral para desarrollar equipos de alto desempeño. Si sus equipos no confían en usted, no llegarán a los niveles participativo o autónomo.

Uno desarrolla la confianza a diario al demostrar destrezas efectivas de liderazgo. Esa es la estrategia más poderosa. Usted desarrolla confianza al mostrar que se interesa y se preocupa por el equipo. Si en verdad no le importa, su equipo ciertamente lo sabrá. Usted promueve la confianza al permitir que los miembros de su equipo cometan errores y aprendan de ellos, en lugar de castigarlos por eso. Si son castigados por un error, nunca van a querer intentar algo nuevo o algo para lo cual no están capacitados aún. La confianza se desarrolla al compartir usted su forma de ver las cosas, sus opiniones e incluso hasta sus propias deficiencias. Los equipos fortalecerán los vínculos con usted a medida que lo conozcan mejor. Se desarrolla confianza al permitir que los equipos de trabajo actúen por sí mismos en la medida de lo posible. Esta última es la muestra más grande de confianza.

A veces, debido a nuestras propias acciones como administradores y directores de equipo o por las de la organización, nuestros equipos pierden la confianza que una vez tuvieron. Por ejemplo, considere qué pasaría si un miembro dice que le gustaría aprender algo nuevo o asumir un rol diferente en el equipo de trabajo. Si usted promete reubicar a esa persona pero nunca lo hace, perderá la confianza que tenía en usted. Si su organización ha estado comunicándose en forma regular con el personal pero, sin ninguna explicación, de repente deja de hacerlo, la organización perderá la confianza de sus empleados. Si los miembros de su equipo han perdido la confianza a causa de lo que usted o la organización han hecho, o ambos, hay cinco cosas que debe hacer:

1. Averigüe en términos específicos por qué el equipo ha perdido la confianza. ¿Se debe a algo que hicieron usted o la organización? ¿Cuál fue el impacto?
2. Desarrolle un plan para recuperar la confianza, aunque no haya sido el causante de la desconfianza. Reconozca en qué manera el proceder de la organización causó la pérdida de confianza.
3. Demuestre que se está esforzando por recuperar la confianza del equipo.
4. Comuníquele a la junta directiva o la organización en qué forma las acciones de ellos causaron una pérdida de confianza y el impacto de dichas acciones sobre su equipo.
5. Reaccione con prontitud ante la pérdida de confianza. El tiempo avanzará en contra suya.

Un líder o gerente de equipo experto y que apoye debe concentrarse en dos áreas mayores cuando esté formando sus equipos. Debe enfocarse en las cinco claves para desarrollar un espíritu de equipo; y en su propio desarrollo del liderazgo de equipo. Una de las dos no es suficiente. Ambas son esenciales.

15

Espíritu de equipo, clave # 4: Autoridad para tomar decisiones

La SIGUIENTE CLAVE para desarrollar un espíritu de equipo y para crear equipos de alto desempeño es compartir o delegar en ellos autoridad para tomar decisiones en la medida en que estén preparados para ello. Cuando los equipos de trabajo experimentan esa demostración de confianza, su dedicación y sus niveles de desempeño siempre aumentan. Si el administrador continúa siendo el único que toma decisiones, tendrá mucha más dificultad para llevar a sus equipos a niveles de alto desempeño.

Los equipos de trabajo, dependiendo de sus destrezas de equipo y su experiencia profesional, pueden tomar muchas decisiones que afecten su labor. Pueden tomar decisiones en cuanto a horarios, decidir qué procedimientos y métodos emplear para cumplir a cabalidad su trabajo, qué integrante del equipo hará la presentación, los recursos que necesita cada miembro del equipo y aun realizar evaluaciones de rendimiento unos con otros. Realmente es muy positivo dejar que el equipo tome una decisión si está capacitado para hacerlo. Pero recuerde, si bien va a dejar que el equipo tome decisiones, este deberá haber recibido capacitación previa sobre cómo hacerlo.

Defina los límites

Es necesario que establezca límites y parámetros para los equipos, en términos de qué decisiones toman ellos y qué decisiones toma usted. Puede establecer límites sobre cualquier asunto que considere que el equipo no está listo para decidir o sobre decisiones que no están abiertas a debate o discusión. Por ejemplo, puede establecer límites en cuanto al presupuesto, fechas de entrega y de qué partes externas el equipo puede y no puede recibir ayuda. Y no debe haber lugar a discusión sobre asuntos como las normas de seguridad y estándares y procedimientos organizacionales, industriales o gubernamentales que deben ser acatados.

Preparación para tomar decisiones de equipo

Antes que el administrador involucre a los equipos en la toma de decisiones o les transfiera esa responsabilidad a ellos, debería responder las siguientes preguntas para ver si los equipos están preparados para asumirla. El administrador debe poder responder afirmativamente a las cuatro preguntas.

1. ¿Son interdependientes los miembros del equipo? Si no lo son, no hay justificación para que tomen decisiones como equipo. Pero los miembros del equipo a nivel individual, sin duda alguna, pueden tomar sus propias decisiones con respecto a sus propios productos.

2. ¿Están conscientes los miembros del equipo de su interdependencia? Si no lo están, no están preparados para tomar decisiones por sí mismos ni para compartir esa responsabilidad con usted. Necesitan más tiempo de desarrollo y más formación en las destrezas de equipo.

3. ¿Está usted dispuesto a dar al equipo la autoridad que necesita para tomar decisiones y solucionar problemas? Si no lo está, ¿tiene razones válidas para ello? Recuerde, con frecuencia el administrador es el mayor impedimento para que los equipos tomen sus propias decisiones. Adicionalmente, aun con equipos de alto desempeño hay algunas decisiones que el administrador debe tomar solo, aunque el equipo esté capacitado para tomarlas. Por lo general existen horarios estrictos y no hay posibilidad de hacer discusiones en equipo. O el administrador ha recibido instrucciones de tomar la decisión.

4. ¿Están comprometidos los miembros con el equipo y sus metas? Más vale que así sea, si va a permitir que tomen decisiones importantes. Uno quiere que ellos se apropien de dichas decisiones y no sean displicentes con ellas.

Si usted no puede responder afirmativamente a todas esas preguntas, entonces debe tomar una parte mucho más activa en la toma de las decisiones importantes que afectan a su equipo y el trabajo que desempeña este. Luego, en forma muy gradual, comience a involucrarlo en el proceso de la toma de decisiones.

Modos de tomar decisiones

Existen diferentes estrategias para tomar decisiones que usted puede usar para desarrollar sus equipos. La estrategia que use dependerá de la experiencia profesional de los miembros de su equipo, de su efectividad en los roles de proceso y de tarea, y todas las demás destrezas de equipo.

Con los equipos en desarrollo, reciba sus comentarios y sugerencias pero tome la decisión solo y luego explíqueles por qué lo hizo. Habrá ocasiones en que tendrá que tomar decisiones impopulares. Algunas veces la decisión será tomada por usted, no puede involucrar a su equipo, y sabe que a este no le va a gustar. Cuando ocurran ese tipo de situaciones, explique por qué debió tomar la decisión en esa forma, y luego asuma la responsabilidad por ello. O explique por qué otros tomaron decisiones que el equipo deberá aceptar.

Cuando suceda esto último, y ocurre con bastante frecuencia en la mayoría de las organizaciones, está bien decir que usted discrepa de la decisión, pero luego debe agregar que aun así la respalda y espera que el equipo la respalde también. Esto se conoce como no pasar por encima de la directiva. Es comunicar su respaldo a decisiones, políticas o procedimientos creados por otras personas, aunque no esté de acuerdo con ellos. En el mejor de los casos, podrá explicar la decisión y responder cualquier pregunta que tenga el equipo para aclarar algún malentendido o equivocación. A la vez, exprese al equipo que está haciendo todo lo posible para proteger los intereses de ellos.

Con equipos del nivel participativo, usted y los miembros toman las decisiones juntos. Con equipos autónomos, usted deja que ellos tomen las decisiones por sí mismos. La razón por la que permite que un equipo autónomo tome decisiones por sí mismo es porque el mismo está calificado para hacerlo, tal vez posea mayor conocimiento técnico que usted, cuente con las destrezas de equipo para hacerlo y porque, en esta fase de su desarrollo, necesite hacerlo. Es decir, si no deja que el equipo tome decisiones en esta etapa de su desarrollo, sus miembros se resentirán y su rendimiento disminuirá.

Cuando hablamos de dejar que los equipos autónomos tomen decisiones por sí mismos, nos referimos a decisiones que afectan la labor cotidiana. No estamos hablando de decisiones relevantes que sólo la gerencia puede hacer. No obstante, la mayoría de los equipos autónomos probablemente podrían tomar decisiones que afecten el departamento o la organización también.

Toma de decisiones por consenso

Cuando un equipo toma una decisión por consenso, todos los miembros acuerdan respaldarla. Técnicamente este proceso se conoce como consenso sin objeciones residuales. Consenso no significa que cada miembro del equipo esté convencido de que la decisión propuesta sea la mejor. Significa, por el contrario, que cada miembro del equipo siente que ha sido escuchado y comprendido, y aun si el equipo no adopta su postura, el miembro cree que la decisión final es digna de su respeto. Si la decisión no sale bien, ningún miembro dirá: «Se los dije».

La toma de decisiones por consenso no es fácil. Sería mucho más sencillo tomar una decisión por mayoría haciendo una votación; sería incluso más fácil hacer que una minoría tome la decisión, designando a una o dos personas para que decidan. Esa es la razón por la cual la toma de decisiones por consenso es una de las aptitudes de equipo más importantes cuando los equipos alcanzan los niveles participativo y autónomo. Este tipo de decisiones demandan mucho debate y una comunicación franca y honesta, y es un proceso que exige mucho tiempo. Los miembros del equipo deben tratar las diferencias de opinión hasta resolverlas. El proceso puede ser agotador y muy emocional también. Y para que la toma de decisiones por consenso funcione, todos los miembros del equipo de trabajo tienen que participar en el proceso, para lo cual es necesario entrenarles también.

La toma de decisiones por consenso tiene tres beneficios principales. Primero, las decisiones reciben mayor respaldo continuo porque todos los miembros del equipo desean que dé resultados. Segundo, desarrolla la cohesión del equipo. Y tercero, produce mejores decisiones.

También existen dos peligros que hay que tomar en cuenta cuando su equipo de trabajo esté haciendo decisiones por consenso. Primero, algunos miembros del equipo tal vez no sean completamente sinceros en sus opiniones. Segundo, existe la posibilidad de que acepten todo lo que se diga para que se dé fin a la discusión y se termine. Antes de permitir que un equipo se dedique a tomar decisiones por consenso, debe pensar si el equipo está preparado para hacerlo. Considere las siguientes preguntas, debería poder responder afirmativamente a todas:

- ¿Están dispuestos los miembros del equipo de trabajo a poner a un lado sus intereses personales por el mejoramiento del servicio o producto en que está enfocado el equipo?
- ¿Está capacitado el equipo a nivel técnico (¿cuenta con las destrezas de equipo?) y dispuesto a participar en la toma de decisiones por consenso?
- ¿Está el equipo bien versado en todos los asuntos, hechos, detalles, ramificaciones, etc., en torno a la decisión que tiene que acordar?

- Usted, el administrador o jefe de equipo, ¿acepta la decisión aun sin estar de acuerdo con ella?
- ¿Le ve su equipo como alguien que tiene igual participación en la discusión y no como alguien que tiene más influencia que los demás?

16

Espíritu de equipo, clave # 5: Recompensas y reconocimiento

La última de las cinco claves para desarrollar un espíritu de equipo es recompensar y reconocer a los equipos por las contribuciones valiosas que hayan hecho. Cuando los equipos son recompensados por lograr sus metas y trabajar bien juntos, mantienen sus niveles de alto rendimiento. Cuando no son recompensados, la cantidad o la calidad de sus productos declinan.

¿Pueden todos los equipos ser motivados?

Los equipos no motivados son comunes. Hacen el trabajo porque hay que hacerlo, no porque realmente lo quieran. Muchos administradores sin experiencia dirían que uno no puede motivar a todos los equipos. Discrepo de eso. Y acepto que no es fácil motivar a todos los equipos. Sin embargo, eso se puede lograr si hallamos los estímulos o las recompensas precisas para cada equipo. Ese es el reto. Primero tenemos que emplear la discusión para descubrir qué pudiéramos hacer para motivar y recompensar al equipo. Luego, y esta es la parte difícil, tenemos que brindar estímulos y recompensas que funcionen con el equipo. También debemos tener en cuenta que lo que motiva a un equipo no necesariamente motivará a otro.

¿Cómo puedo motivar a mis equipos de trabajo?

Hay dos formas principales de motivar a los equipos. La primera es a través de recompensas. Las recompensas son asuntos muy concretos y normalmente tienen un valor económico asociado a ellas. Existen las económicas como bonificaciones o compensaciones espontáneas. También hay regalos como cenas, fines de semana fuera o boletos para eventos deportivos. Es importante que sean significativas para los miembros del equipo de trabajo de modo que logren motivarles. A veces recompensamos a los miembros del equipo con cosas que no aprecian, con las que nos puede salir el tiro por la culata. Incluso pueden llegar a desmotivar al equipo.

Las recompensas pueden ser para el equipo en su conjunto o para individuos en particular cuyo desempeño haya sido sobresaliente. Incluso usted puede dejar que los equipos participativos y autónomos seleccionen a los individuos que recibirán el reconocimiento especial. Ellos pueden ser capaces de hacer eso, siempre y cuando se haya establecido de manera apropiada el criterio para determinar quién recibirá las recompensas. Soy un firme partidario de recompensar los aportes individuales y de equipo a la vez. Esta clase de sistema de recompensas parece ser el que funciona mejor.

Luego están los estímulos intrínsecos. Los expertos en motivación nos dicen que este tipo de estímulos, si son los correctos, duran mucho tiempo. Los estímulos intrínsecos no tienen un valor monetario directo. Algunos ejemplos son: notas de aprecio de los altos cargos, un artículo en la circular de la empresa sobre el trabajo y los logros del equipo, comentarios positivos del jefe del equipo o la gente misma que haya sido beneficiada con el trabajo conjunto, o nombrarlo como el equipo del mes y garantizarle estacionamiento a los vehículos de sus integrantes o exhibir sus fotos en la entrada principal del edificio. Brindar un ambiente en el que nuestros equipos puedan lograr sus metas, disfrutar de su trabajo y sus relaciones de equipo, trabajar con autonomía y participar en el proceso de tomar decisiones también es un estímulo intrínseco.

¡Celebremos!

Demasiados administradores sin experiencia olvidan celebrar los éxitos del equipo. Por el bien de la moral colectiva, es muy importante y necesario hacerlo. Cuando el equipo alcance un gran logro o consiga una de sus metas, celébrelo. Existen innumerables maneras en que se puede celebrar. Las celebraciones no tienen que tomar mucho tiempo ni ser demasiado costosas para tener un gran impacto. Por lo general, una reunión de unos veinte minutos, de vez en cuando, hecha en forma espontánea, tiene un efecto que perdura y le devuelve con creces su inversión. Las celebraciones también funcionan muy bien para los equipos que están pasando por dificultades. Cuando note una pequeña victoria del equipo, festéjela.

Clausurar

Cuando un equipo termine su proyecto y se esté disolviendo, el administrador debería clausurar o concluir el equipo en una manera formal. Decir simplemente: «Hemos terminado» o «Muchas gracias por trabajar duro», no es suficiente. Clausurar es otra forma de reconocer los esfuerzos del equipo de trabajo. Ayuda a motivar a sus miembros a querer formar parte de otro equipo y desempeñarse bien en él. Clausurar es especialmente importante para los equipos que hayan logrado todas sus metas y para los miembros de un equipo que hayan desarrollado una estrecha relación de trabajo con sus compañeros.

Aquí hay algunas sugerencias en cuanto a cómo clausurar:

- Programe una reunión para presentar hallazgos, soluciones, recomendaciones del equipo, etc., e invite a todos los que hayan sido afectados por los resultados del equipo.
- Pida a su equipo que desarrolle consejos prácticos para otros equipos. Los consejos pueden tratar sobre cómo los equipos necesitan trabajar juntos eficazmente para alcanzar sus metas. A su equipo de trabajo le gustará hacer eso y beneficiará a otros equipos de la organización.
- Pida que uno de los directivos principales, a quien el equipo respete, dirija al equipo unas palabras y comente en qué forma el trabajo del equipo afectó a la organización o la comunidad mayor.
- Pida que el equipo determine qué seguimiento, si hay alguno, debe hacerse al proyecto en el futuro.
- Pida que los miembros del equipo de trabajo comenten unos con otros sus experiencias más memorables con el equipo y las dificultades experimentadas, tanto positivas como negativas. A los equipos realmente les encanta hacer eso. Cuando comentan las crisis que han vivido, hablan de dificultades con ciertos clientes, de conflictos entre compañeros, de momentos en que han estado al borde de un plazo de tiempo para cumplir una meta o un compromiso, o solucionar un problema que ninguno más podía resolver.

Cómo reanimar a un equipo que ha perdido su espíritu de equipo

Algunos equipos desarrollan las cinco claves del espíritu de equipo y alcanzan un nivel de alto desempeño, y luego algo hace que pierdan ese espíritu y no vuelven a rendir a ese alto nivel. Este fenómeno se conoce como regresión o retroceso. Esto les puede pasar a los mejores equipos, incluyendo a los participativos y autónomos.

Hay varias razones por las cuales un equipo podría retroceder, ya hemos mencionado algunas. Podría ser la gestión excesiva, no contar con las herramientas más actualizadas para hacer su trabajo tan eficazmente como a ellos les gustaría, perder o recibir nuevos miembros del equipo, la posibilidad de un cambio de metas o porque la organización no va bien y genera inestabilidad laboral.

Omití una causa de esta lista, y creo que es la mayor razón por la cual los equipos de alto desempeño retroceden: Después de semanas, meses o años de perfeccionamiento continuo de sus destrezas y su capacidad de trabajar en forma interdependiente, los miembros del equipo podrían sentir que no tienen mayores posibilidades de crecimiento o desarrollo.

Si el retroceso o la regresión le suceden a un equipo de proyecto al final de su plan, no significaría un problema ya que se va a disolver. Pero cuando eso le sucede a un equipo permanente, es motivo para alarmarse.

El jefe de equipo tiene unas cuantas opciones cuando empieza la regresión. Puede probar alguna de estas opciones o una combinación de ellas. En primer lugar, puede buscar asignaciones o proyectos adicionales en los cuales el equipo de trabajo podría interesarse. Sin lugar a dudas, esta sería la mejor opción. Definitivamente eso reanimaría el equipo.

La segunda opción es hablar con el equipo con respecto a la realidad de la situación y reconocerla como administrador. Esta opción comunica a los miembros del equipo que el administrador reconoce lo que está pasando. Con frecuencia eso vigoriza al equipo para reanudar sus niveles normales de desempeño.

La tercera opción es hacer una evaluación comparativa. Algunos administradores muy creativos con que he trabajado permiten que sus equipos sepan cómo tratan otras organizaciones a sus equipos de trabajo y cómo son sus ambientes de trabajo. Cuando los miembros de sus equipos oyen esas historias, se alegran de estar donde están. Una vez conocí una administradora que prácticamente organizó algunas visitas para que su equipo pudiera ver realmente qué estaba pasando en otras compañías. Después de ello, nunca se quejaron de nuevo con respecto a su situación. Ahora, si usted se entera de que los equipos de otras organizaciones están en mejores condiciones, olvide esta opción particular.

La cuarta opción es la más radical de todas y la mayoría de las empresas normalmente no la usan. Unas cuantas compañías reconocen que no pueden brindar posibilidades adicionales de aprendizaje o crecimiento a los equipos o miembros de equipos que hayan alcanzado un alto nivel de desempeño. Entonces esto es lo que hacen. Si no pueden hallar trabajos u otros cargos para los miembros de los equipos en otras partes de la organización, les ayudan a encontrar nuevas vacantes fuera de la empresa si deciden irse. Imagine cuánto más respetarán los empleados a una compañía que haga esto.

Existen muchas ocasiones en que uno necesita reanimar a sus equipos de trabajo, aparte de cuando están en retroceso. Cuando se presentan dichas ocasiones, debería seguir cuatro pasos comprobados para reanimar.

Primero, defina claramente cuál es el problema del equipo y sus causas. Segundo, desarrolle un plan de ejecución para solucionar dichos problemas. Tercero, ejecute el plan. Finalmente evalúe cómo salió el plan. Cuando los miembros del equipo le vean activamente dedicado a ayudarles y vean resultados positivos, se sentirán reanimados.

Por favor, recuerde que es normal que los equipos de trabajo necesiten ser reanimados. No se sienta culpable en caso de que suceda eso. Muchos administradores sin experiencia lo sienten. Reanimar a los equipos de trabajo es parte de la labor de desarrollar equipos.

Conclusión

En esta parte de la Guía de formación de equipos para el administrador sin experiencia, nuestro enfoque fue sobre cómo pueden los equipos de trabajo desarrollar las cinco claves del espíritu de equipo. Los equipos de trabajo que han desarrollado estas cinco claves son equipos de alto desempeño. Cada uno de sus integrantes tiene roles y expectativas claras; participan de una comunicación franca y honesta; son dirigidos por un administrador o líder de equipo que conoce el trabajo que están haciendo y apoya sus esfuerzos; ellos participan en la toma de decisiones; son reconocidos y recompensados por alcanzar sus metas. También consideramos cómo reanimar equipos y qué hacer cuando un equipo está en retroceso.

En la cuarta parte del libro daremos atención a cómo responsabilizar a los equipos y los individuos por su rendimiento y su comportamiento. Vamos a concentrarnos en qué debemos hacer cuando un equipo asuma una personalidad difícil, y cómo podemos convertir el conflicto en colaboración.

CUARTA PARTE

MANEJE LAS SITUACIONES DIFÍCILES DE EQUIPO

17

¡RESPONSABILÍCELOS!

LOS EQUIPOS DE trabajo y los individuos que los componen necesitan ser responsabilizados de cumplir sus metas y terminar sus productos y asignaciones a tiempo. Las recompensas y el reconocimiento por sí mismos no llevan a los equipos de trabajo y los individuos a desempeñarse a altos niveles. La responsabilidad en la gestión tiene que ser parte de la ecuación también.

Me gusta ver la responsabilidad como el último elemento de un proceso comunicativo de cinco partes. La primera consiste en describir y explicar a los miembros del equipo de trabajo qué se exige de ellos. La segunda es llevarles a entender cuáles son esas expectativas. La tercera se basa en la expectativa de que lograrán los resultados deseados y cómo dichos resultados los beneficiarán a ellos y a la organización. La cuarta parte consiste en tener bien definidas y comunicadas las consecuencias para el equipo (o los individuos) si no obtienen los resultados esperados. La quinta parte realmente consiste en ejecutar las consecuencias o hacer responsable al equipo.

Como administrador sin experiencia le será necesario responsabilizar a algunos equipos de trabajo o a individuos en particular. Cuente con ello y esté preparado.

Tal vez le parezca muy severo responsabilizar a los equipos o a sus integrantes en particular. Después de todo, a través de todo el libro he estado promoviendo la idea de crear una sociedad con su equipo de trabajo y dejar que se vuelva tan autosuficiente como sea posible. Sin embargo, si su equipo no está rindiendo conforme a lo establecido y usted lo ha intentado todo y nada ha funcionado, no tiene alternativa sino responsabilizarlo. Durante esta parte del proceso de responsabilizar, necesita hacer todo lo posible por darle un vuelco al equipo o a cualquier integrante del mismo. Vale la pena el tiempo que invierta en ello. Siempre es mucho mejor llevar a los equipos a desear cumplir con su deber, en lugar de exigir que hagan lo que usted quiere. El trabajo debe ser hecho y ningún equipo de trabajo o individuo puede estar por encima de las necesidades de la organización.

A muchos administradores sin experiencia no les gusta responsabilizar a otros en una manera tan directa. Ellos no desean granjearse la antipatía del equipo y perder su lealtad. En realidad, a largo plazo usted será más respetado y tendrá más equipos e integrantes leales si responsabiliza a los demás. En el mejor de los casos, y este es un punto extremadamente importante que debo mencionar de nuevo, usted o la organización tendrá procedimientos concretos para responsabilizar a los equipos de trabajo y los individuos por no cumplir con su deber. Si no es así, ¡buena suerte!

El hecho de responsabilizar a los equipos generalmente ocurre con grupos de trabajo y equipos en desarrollo. Se presenta con menos frecuencia en equipos participativos y autónomos. Esa es otra razón para llevar a sus equipos a los niveles de alto desempeño. Además, los integrantes de los equipos participativos y autónomos saben responsabilizarse mutuamente y el jefe no tiene que involucrarse mucho.

18

¡CUIDADO CON LOS EQUIPOS CON PERSONALIDADES DIFÍCILES!

En el capítulo 17 nos enfocamos en responsabilizar a los equipos y sus miembros por su rendimiento. También debemos responsabilizar a los equipos como un todo por sus comportamientos improductivos o destructivos.

Todo equipo de trabajo, después de un período de tiempo trabajando junto, desarrolla lo que conocemos como cultura de equipo o personalidad de equipo. La cultura de equipo define los comportamientos que el equipo valora, cuáles son aceptables y cuáles inaceptables. Como líderes de equipo siempre esperamos que nuestros equipos desarrollen culturas productivas y valores de comportamiento que faciliten el alcance de las metas. A menudo, lamentablemente, los equipos desarrollan culturas improductivas; asumen estos comportamientos por múltiples razones. Algunas de ellas abarcan el sentimiento de que no están recibiendo excelentes asignaciones o creen que el administrador no está desarrollando ni apoyando al equipo.

Una cultura de equipo destructiva puede llegar a ser muy poderosa y con frecuencia se apodera del trabajo del equipo y de sus relaciones con el jefe de equipo u otras personas ajenas al equipo. Es crucial notar que cuando los equipos desarrollan personalidades difíciles, por lo general no es culpa del equipo sino de sus administradores, de la organización o de ambos. Estas personalidades de equipo destructivas, si no se tratan, proliferarán. Son una gran amenaza para la productividad o la rentabilidad de la organización.

Cuándo se debe responsabilizar al administrador o líder de equipo

Una situación muy delicada se presenta cuando el administrador del equipo tiene un rasgo de su personalidad, un comportamiento o un hábito (de lo cual normalmente no está consciente) que es perjudicial para el éxito del equipo y el equipo se adapta a ello. Por ejemplo, consideremos un director de equipo que tiene el hábito de hablar muy fuerte y todos los miembros del equipo pueden escucharle cuando hace comentarios críticos o constructivos a otro compañero de ellos. Antes que se dé cuenta, muchos miembros del equipo estarán haciendo lo mismo, y se dará lugar a una cultura negativa en la cual los compañeros se critican unos a otros frente a los demás.

Otros individuos de la organización, preferiblemente el jefe del administrador, tienen que reconocer estas clases de comportamientos destructivos y asumir la responsabilidad de tratar y corregir esa situación. Algunas veces los administradores o líderes de equipo están demasiado cerca para percatarse de lo que está sucediendo en sus propios equipos. Para evitar eso, muchas organizaciones basadas en equipos usan gente de otros equipos, departamentos u organizaciones como observadores del proceso. Ellos observan cómo se está desempeñando el equipo, cómo están relacionándose sus miembros y luego presentan sus observaciones.

Es poco común que los equipos participativos y autónomos asuman personalidades difíciles. Ellos han sido instruidos y entrenados para reconocer sus propios comportamientos destructivos y para saber cómo tratarlos cuando se presenten. Por consiguiente, esta es otra razón más para llevar sus equipos a esos niveles. La mayoría de las personalidades de equipo destructivas se dan en los grupos de trabajo y en los equipos en desarrollo.

Las siete personalidades de equipo más difíciles

Existen muchas clases de personalidades o culturas de equipo que son nocivas o perjudiciales. Esas personalidades de equipo se reconocen fácilmente en las reuniones de equipo y son observables en muchas otras ocasiones también. En este capítulo, enumero una lista de las siete personalidades difíciles de equipo más comunes. También sugiero qué acciones tomar en caso de que alguno de sus equipos adopte una de estas personalidades y cómo evitar, en primer lugar, que se formen.

7: El equipo ganador a toda costa

Ellos creen que los demás equipos de la organización, o exagerando un poco, que cualquier equipo en cualquier otra parte, está compitiendo con ellos. Tienen que ganar a toda costa; tienen que ser el mejor equipo. Tienen que conseguir los mayores prestigios, los mejores proyectos, los mejores miembros, las mejores recompensas, tener el mejor líder de equipo, etc. Su lema es ser los mejores a expensas de los demás.

El equipo ganador a toda costa se da en departamentos u organizaciones cuyos ambientes son muy competitivos. Este tipo de entornos destacan demasiado la competencia entre equipos. En lugar de eso, el departamento o la organización debería desarrollar un ambiente en el cual los equipos de trabajo cooperen más unos con otros y reconozcan que todos trabajan hacia la misma meta: el éxito de la organización.

Otra estrategia que usan varias organizaciones en que he trabajado, para evitar este alto nivel de competencia, es recompensar todos los equipos o todos los empleados cuando la organización tiene éxito. Es decir, con tal de que todos los equipos hayan hecho una contribución valiosa a la organización. Esto crea un ambiente de mayor cooperación y reduce enormemente la competencia entre equipos o departamentos. Tenga cuidado de no recompensar equipos o individuos que no se desempeñen bien. Al hacerlo, enviamos un mensaje de que está bien no rendir.

6: El equipo tangencial

Lo que sucede con un equipo tangencial es que establece una agenda para la reunión pero no se ciñe a ella. Los miembros de estos equipos siempre tienen algo que decir sobre temas no relacionados o tienen su propia agenda personal. Ellos nunca abordan los asuntos importantes que el equipo está enfrentando. Comienzan a trabajar en sus asignaciones o proyectos y luego pierden el enfoque.

Esta clase de personalidad se forma cuando el trabajo, los proyectos o los problemas con que carga el equipo son demasiado difíciles de ejecutar o demasiado confusos. Uno debe examinar detenidamente el conjunto de destrezas del equipo para ver si es capaz de llevar a cabo sus responsabilidades. Además, se hace necesario revisar los roles y las metas del equipo para ver qué tan claros son.

Hace un tiempo yo estaba hablando con una administradora que tenía un equipo tangencial. Me dijo que era como ver a un grupo de obstruccionistas políticos en acción, en el cual los miembros del equipo hablaban y hablaban acerca de algún tema trivial o no relacionado para evitar cumplir con su trabajo. Finalmente, y admitió que le tomó demasiado tiempo reconocerlo, descubrió que los nuevos programas informáticos que el equipo tenía que usar eran desconocidos para ellos y tenían vergüenza de admitir que no los entendían.

5: El equipo social

Muchos gerentes con que he trabajado y algunas organizaciones que he asesorado, ubican a personas en equipos porque trabajan bien juntas o porque tienen una mezcla agradable de personalidades. El asunto de sus destrezas y capacidades parece marchar en un distante segundo lugar. Pero aún esperan que el trabajo se haga. Lo que sucede en esta situación es que se forma un equipo social, uno en que todos se llevan bien y disfrutan la experiencia de equipo, pero no logran las metas. En lugar de eso, pasan su tiempo socializando.

La esencia del problema con la personalidad del equipo social es que no se hace hincapié en el trabajo desde el comienzo. Esa debe ser la prioridad. Observe un equipo social en sus primeras etapas y pensará que es el mejor que haya visto alguna vez. Ninguno llega tarde a las reuniones, la comunicación es extraordinaria, y la energía y la moral de todos es óptima. Pero acérquese un poco más y notará que el trabajo no se está llevando a cabo. Los integrantes de esos equipos al fin reconocen que están malgastando su tiempo y la moral se afecta.

A veces los administradores o las organizaciones forman equipos para que propongan recomendaciones. Si sus miembros han estado en este tipo de equipos antes y sus sugerencias no fueron usadas, la próxima vez que los vuelvan a instalar en uno de esos equipos, no tomarán en serio su trabajo. Pero como necesitan permanecer en el equipo, sacan el mayor provecho de la situación. Este es otro ejemplo de cómo se llega a ser un equipo social. Para evitar la formación de equipos sociales debemos tener metas reales que sean significativas para el equipo, y debemos tener integrantes de equipos que tengan las destrezas técnicas para alcanzar dichas metas.

4: El equipo espectáculo

Su objetivo es divertirse al máximo. Estas personas constantemente están contando chistes, gastando bromas y nunca toman nada en serio. Son la versión extrema del equipo social. Lo que sucede con frecuencia en estos casos es que algunos miembros del equipo comienzan a bromear por ahí; luego otros hacen lo mismo; y después todo el equipo comienza a llamar la atención de las personas de fuera por ser graciosos y por hacer cosas alocadas. Antes que el líder o los miembros del equipo se den cuenta, dichos comportamientos habrán proliferado con rapidez. Los equipos espectáculo tienen que hacer honor a su reputación. Los chistes y la diversión son parte integral de lo que hace exitoso al equipo.

Pero cuando se hace en exceso, el equipo se desorienta. Muchos miembros de equipos me han contado que los suyos se convirtieron en equipos espectáculo cuando el trabajo asignado carecía de significado o importancia, o tenía una prioridad muy baja para el departamento o la organización. Básicamente lo que estaban haciendo era burlarse del trabajo que debían hacer.

Una integrante de un equipo espectáculo me habló de uno en que estuvo una vez, denominado el equipo de logística. La misión de ese equipo era analizar la cantidad de tiempo que los salones de conferencias eran usados y quiénes los usaban. La idea de fondo era determinar si los salones de conferencias eran usados excesivamente en general o usados excesivamente solamente por ciertos equipos. Si cualquiera de los dos casos resultaba cierto, se suponía que debían concluir que el trabajo de esos equipos o de la organización entera realmente no se estaba haciendo. El equipo tenía tres meses para hacer dicho estudio. Cuando oí esta historia no me sorprendió que se hubiera vuelto un equipo espectáculo.

3: El equipo quejumbroso

En este tipo de equipos sus miembros critican constantemente los esfuerzos conjuntos, los de los compañeros, el proyecto, su administrador, la organización, los recursos, el clima, la cafetería, el día de la semana, etc. Buscan problemas donde casi no los hay.

Es raro que el equipo quejumbroso haga algún comentario constructivo o positivo. Sus miembros son muy negativos. Su actitud es un estorbo para el progreso y la productividad del equipo.

Existen algunas razones principales que explican por qué los equipos desarrollan este enfoque negativo. Primero, la cultura del departamento o la organización es negativa o el equipo tiene un administrador negativo. Los equipos asimilan la negatividad de su entorno y en poco tiempo adoptan comportamientos similares. Siempre es peor cuando el administrador es negativo. Esto les concede aun mayor libertad a sus miembros para ser negativos también. Si, por otro lado, la cultura del entorno laboral fuera alentadora y motivadora, los equipos adoptarían esa clase de comportamientos.

Segundo, los equipos se quejan cuando no son oídos o su trabajo no es apreciado. Por ejemplo, si un equipo ha pasado semanas trabajando en una solución innovadora para una situación que está afrontando uno de sus clientes, y cuando le presentan dicha solución a su jefe, es desechada sin ninguna explicación, el equipo se decepciona y se vuelve negativo. Una estrategia mucho mejor es que el administrador le explique al equipo por qué piensa que dicha solución no servirá, que reciba algunas ideas adicionales de ellos, y los anime a presentar otra opción.

Tercero, los equipos se quejan cuando les quitamos algo. Por ejemplo, si se elimina el presupuesto de un equipo para almuerzos ocasionales, o si un equipo está enseñado a participar en la toma de decisiones y el nuevo administrador no lo permite, se abre la puerta a las quejas.

Cuarto, los cambios pueden causar lloriqueos. Por ejemplo, si una reorganización significativa dispersa a los miembros de un equipo que ha permanecido junto, ellos extrañarán la constante interacción que tenían. Para reducir el impacto de los cambios en un equipo, el administrador necesita explicar los motivos o razones (incluyendo cualquier beneficio derivado de los cambios), explicar el proceso, paso a paso, en que se va a dar el cambio, y dar tiempo a los miembros del equipo para adaptarse al cambio. Escuchar a un equipo quejumbroso y permitir que ventilen sus frustraciones también es provechoso. Pero no permita que esas sesiones continúen durante mucho tiempo. Establezca un límite de tiempo y siga adelante.

2: El equipo renuente a lo establecido

Su comportamiento dañino consiste en separarse de las metas y la misión del equipo, el departamento o la organización, y a nivel individual olvidarse de sus roles y responsabilidades específicas. En lugar de ello, crean su propio trabajo y sus propias metas.

Los miembros de un equipo renuente a lo establecido pueden ser extremadamente productivos, talentosos y sumamente innovadores cuando disponen su mente a ello. El problema es que no están trabajando en lo que deben. La razón número uno por la cual algunos equipos adoptan la personalidad renuente a lo establecido es porque desde muy temprano en su cargo o durante su desarrollo, reciben completa autonomía. Demasiado pronto y demasiado a fondo, el administrador adopta una política de no intervención. Adicionalmente, los miembros de estos equipos por lo general son más experimentados o capacitados que el administrador y asumen que eso significa que pueden mandar. Y si el administrador se los permite, se encaminarán a hacer su propia cosa. Para evitar que suceda esto, uno debe establecer metas específicas para el equipo y responsabilizar al mismo por su logro.

1: El equipo autodestructivo

Estos equipos desean que el proyecto en que están trabajando y la experiencia total del equipo simplemente terminen y se acaben lo más pronto posible. Ellos harán lo que sea con tal que suceda eso, y por lo general son muy eficaces para lograrlo. Ellos incumplen deliberadamente los plazos, entregan información imprecisa, resultan con montones de excusas para no hacer ciertas cosas, o literalmente dejan de trabajar en cualquier cosa que deban hacer. También tienen muchos conflictos entre compañeros que al jefe le cuesta mucho tratar. Con frecuencia dichos conflictos entre compañeros de equipo son creados a propósito por ellos mismos para hacer que su líder tenga dificultades. A ellos ya no les importa cuáles sean las consecuencias del fracaso del equipo.

Lo que sucede aquí, para empezar, es que el proyecto era malo, se está volviendo perpetuo o el trabajo es tedioso y aburridor. O el equipo ha llegado a tener antipatía hacia el director o líder de equipo, o unos con otros. O está molesto con las políticas organizacionales que se están implementando. El equipo simplemente ya no puede aceptar lo que está pasando y sólo quiere disolverse.

La mayoría de los equipos autodestructivos se estancan en lo que muchos expertos en formación de equipos llaman el periodo tormentoso. Ellos nunca llegan a establecer normas de equipo ni desarrollan la armonía entre ellos. Constantemente están riñendo, discutiendo y fijándose en pequeñeces entre ellos. Es una experiencia muy desagradable. Durante este periodo tormentoso el líder o director de equipo debe ser muy fuerte y establecer normas muy claras sobre el funcionamiento del equipo.

Al comienzo de mi carrera formé parte de un equipo autodestructivo, y asumo la responsabilidad por haber contribuido a desarrollar tal clase de equipo. Fuimos unidos de un modo fortuito, la mayoría de los diez pasos para formar equipos fueron ignorados. El líder del equipo estaba en otra parte del país y rara vez sabíamos de él. Teníamos un par de compañeros con personalidades muy fuertes y se la pasaban chocando. Y muchos de nosotros, justificadamente en mi opinión, seguíamos culpando al departamento en que estábamos por ponernos en dicha situación. Podría seguir hablando más al respecto pero estoy seguro que ya captaron la idea.

Estas son sólo siete personalidades de equipo difíciles. Hay muchas más.

19

Pase del conflicto a la colaboración

Los conflictos son comunes en los lugares de trabajo en general y en los equipos de trabajo también. Los administradores sin experiencia deberían anticipar que ocurrirán con otros administradores, con su jefe o con los miembros de su equipo. También se van a ver involucrados o bien tratando de resolver conflictos entre los miembros de su propio equipo o ayudándoles a resolver conflictos por sí mismos. Todo lo que quiero decir por conflictos de equipo es tener desacuerdos, puntos de vista diferentes u opiniones diferentes con o entre dos o más miembros del equipo o entre equipos.

Dé la bienvenida a los conflictos

Cuando tenga conflictos en su equipo de trabajo, déles la bienvenida. Si los miembros del equipo tienen conflictos en cuanto a cómo perfeccionar un proceso, mejorar un producto, brindar un mejor servicio o mejorar las relaciones con los usuarios, no se podría desear algo mejor. Es usted afortunado por tener este tipo de conflictos en sus equipos y, sin duda alguna, va a querer fomentarlos. Esto es lo que se denomina conflictos productivos o, simplemente, buenos conflictos. Lo que normalmente resulta de los conflictos productivos son soluciones mejores, nuevas o diferentes para los intereses y problemas de las partes en conflicto.

Pero si los miembros de su equipo tienen conflictos en torno a personalidad, estilos de trabajo o diferencias de creencias o valores, entonces no es tan afortunado. Si un miembro del equipo critica las acciones, el comportamiento o la apariencia de otro compañero, es un conflicto improductivo que debe resolverse inmediatamente; si no el equipo se volverá autodestructivo. Si usted escucha el siguiente tipo de comentarios, entonces sabe que tiene un grave conflicto por tratar: «Yo soy el que hago todo el trabajo aquí, ella a duras penas hace algo», «No puedo entender cómo llegó a ser parte del equipo» o «¿Por qué se demora tanto para tomar una decisión? Es evidente lo que hay que hacer».

Causas del conflicto de equipo

Existen varias causas muy importantes relacionadas con los conflictos del ambiente de trabajo y los equipos. Antes de poder resolver un conflicto o ayudar a otros a resolverlo por sí mismos, es necesario saber qué lo está causando.

- Personales. Conflictos consigo mismo. Los conflictos internos de un miembro del equipo por lo general afectan sus relaciones laborales con los demás compañeros. Por ejemplo, consideremos a un individuo que necesita su trabajo y le gusta el equipo en que está trabajando, pero tiene objeciones morales en cuanto al producto que su equipo de trabajo produce. O consideremos al miembro que sabe que para mejorar sus relaciones de trabajo con sus colegas debe pasar más tiempo con ellos durante las horas de trabajo, pero le incomoda hacerlo.
- Interpersonales. Conflictos entre dos o más personas o entre equipos o grupos de personas. Por ejemplo, consideremos al miembro de un equipo que sabe que trabaja muy duro y contribuye en gran medida al cumplimiento de las metas del equipo, pero en las reuniones de toda la empresa el jefe u otro miembro del equipo se lleva el crédito por sus esfuerzos. O consideremos a una integrante de un equipo que sinceramente cree que se comunica bien y coopera con los demás, pero tiene un colega que nunca se comunica ni comparte la información vital que ella necesita para terminar su parte del proyecto.
- Estructurales. Conflictos innatos de la estructura organizacional o el trabajo. Por ejemplo, consideremos a la integrante de un equipo que, debido a la naturaleza del trabajo de su equipo, nunca llega a trabajar en otros tipos de tareas. O consideremos a un equipo de trabajo que, a causa de su alto perfil y sus proyectos de gran presupuesto, siempre obtiene el reconocimiento del

gerente general, en tanto que otros equipos que trabajan tan duro como ellos o aun más duro, nunca obtienen ese reconocimiento.

- Valores o creencias. Diferencias ligadas a emociones profundamente arraigadas. Por ejemplo, consideremos a la administradora de un equipo que piensa que sus miembros siempre deberían estar dispuestos a trabajar los fines de semana si surgen problemas en los proyectos, pero le dan prioridad a sus responsabilidades personales por encima del trabajo los fines de semana.

- Personalidad. Diferencias de estilo y comportamiento. Por ejemplo, consideremos al miembro de un equipo que es muy organizado, minucioso y sistemático, pero su colega es una persona que deja todo para el último momento, relajada y desorganizada.

- Percepciones. Diferencias de opinión o perspectiva en cuanto a una situación o un asunto. Por ejemplo, consideremos a un equipo que atribuye un problema a la falta de tiempo para completar un prototipo, pero el cliente lo ve como falta de destreza o dedicación.

- Métodos de trabajo. Desacuerdos para resolver problemas. Por ejemplo, consideremos al ingeniero de un equipo que desea emplear un programa de computadora conocido pero los demás compañeros del equipo desean probar algo nuevo.

Usted tiene una alternativa

En esencia hay cinco métodos diferentes que un administrador o líder de equipo puede usar para resolver conflictos, ayudar o enseñar a otros a resolverlos por sí mismos. Ellos son: colaboración creativa, ceder, controlar, compromiso práctico y evitar. Todos son valiosos y pueden ser sumamente efectivos. La clave está en saber cómo y cuándo usarlos. Es responsabilidad del administrador, en el caso de los equipos en desarrollo, y de los equipos participativos y autónomos, conocer cada uno de esos métodos y luego ser lo suficientemente flexibles para emplear cualquiera de ellos cuando la situación lo exija. También es importante que los líderes de equipo y los equipos de alto desempeño entiendan por qué han escogido un método específico para dirimir un conflicto. La figura 19-1 describe los cinco métodos para la solución de conflictos y recomienda cuándo usar cada uno.

Colaboración creativa

Como mencionamos, el mayor beneficio de los conflictos puede ser la disposición de ambas partes a encontrar una solución mejor que sus soluciones originales. La colaboración creativa lo consigue. Es una estrategia cooperativa en la cual los individuos o los equipos acuerdan discutir un aspecto del conflicto y luego los demás, con la expectativa de que todas las partes involucradas estén dispuestas a verlo desde diferentes perspectivas.

El motivo para hacer esto es el mejoramiento de las relaciones con los clientes, el funcionamiento del equipo o la productividad-rentabilidad de la organización. Las partes están dispuestas a renunciar a su posición inicial para presentar una nueva alternativa o a fusionar sus diferentes puntos de vista para que todos los aspectos del conflicto acojan la nueva resolución.

Cuando la colaboración parezca ser la mejor manera de resolver un conflicto, pida que sus equipos de trabajo y sus miembros usen este método. Si no están familiarizados con él, tendrá que enseñarles a usarlo. Si tienen dificultades para usarlo por sí mismos, necesitarán de su orientación. Cuando los equipos usan la colaboración creativa, se obtienen excelentes decisiones o soluciones para sus conflictos.

La colaboración creativa definitivamente ayuda a llevar a los equipos a los niveles participativo y autónomo. De hecho, una colaboración creativa exitosa es un claro indicio de que un equipo de trabajo ha alcanzado un alto nivel de desempeño.

Figura 19-1. Cuándo usar cada uno de los cinco métodos para resolver conflictos

Colaboración creativa: Beneficio para todos
- Cuando se requiere de una solución de largo plazo.
- Cuando se trata de un asunto de suma importancia y las soluciones creativas se hacen indispensables.
- Cuando es muy importante que las partes en conflicto hablen largamente y vean el conflicto desde el punto de vista de los demás.
- Cuando usted desee que el conflicto termine de una manera productiva y constructiva que conduzca a una mayor motivación y compromiso de las partes.

Ceder: Déjelos hacerlo a su manera
- Cuando la otra parte es más experimentada y sabe más.
- Cuando al hacer esto, estimulará a la otra parte a ceder sobre un asunto que es importante para usted.
- Cuando desee desarrollar una relación de trabajo positiva con el miembro del equipo y el asunto sea secundario para la relación.

Controlar: A su manera o a la calle
- Cuando hay que tomar una decisión rápida y no hay tiempo para discutir.
- Cuando la gerencia le ha ordenado que resuelva el conflicto cuanto antes.
- Cuando los procedimientos, los procesos, los reglamentos, las normas de seguridad, etc., se deben hacer cumplir y no hay manera de cambiarlos.
- Cuando usted es el único con el conocimiento o la experiencia para tomar la decisión.

Compromiso práctico: Hallar un punto intermedio
- Cuando los problemas son un tanto complejos, el desarrollo de la relación es importante y el tiempo es un factor.
- Cuando la otra parte o el otro miembro del equipo no van a dejar que usted lo haga a su manera o viceversa.
- Cuando usted va a quedar un tanto satisfecho, aun si no consigue todo lo que quería o esperaba.
- Cuando ambas partes o uno de los miembros del equipo no están dispuestos o no están en capacidad de participar en discusiones extensas.

Evitar: No tratar el conflicto en estos momentos
- Cuando el asunto sea carente de importancia y no importe si no se resuelve el conflicto.
- Cuando usted quiera que otros resuelvan el conflicto por sí mismos sin su intervención.
- Cuando usted o el otro miembro del equipo o la otra parte del conflicto necesiten calmarse antes de abordar la situación de conflicto.
- Cuando otros estén en una mejor posición para resolver el conflicto que usted.

No obstante, para que funcione este método de resolución de conflictos, los individuos deben creer y seguir ciertas pautas.

Pautas para colaborar creativamente

- Todas las partes del conflicto deben ser imparciales y estar dispuestas a oír la posición contraria.

- Necesitan reconocer que el desacuerdo con la posición o el punto de vista de otro miembro del equipo no constituye un ataque personal.

- Cada miembro del equipo es responsable de entender y respetar las diferentes posiciones del conflicto.

- Todos los miembros del equipo involucrados en el conflicto deben estar dispuestos a cambiar de opinión cuando todas las posiciones hayan sido discutidas y toda la información o los materiales hayan sido revisados.

- Todos los miembros del equipo acuerdan comunicarse, discutir y trabajar en busca de la mejor solución posible para el conflicto, problema o posibilidad después de haber revisado toda la información y los materiales, y después de haber efectuado toda la comunicación.
- Todos los miembros del equipo acuerdan que se utilice un método cooperativo para resolver el conflicto y que su meta es la victoria para el usuario, el equipo o la organización. Si es una victoria para cualquiera de ellos, será un beneficio para todos los integrantes del equipo involucrados en el conflicto.
- Los miembros del equipo acuerdan expresar sus emociones pero no dejar que interfieran con la colaboración creativa.
- Ellos están conscientes de que la colaboración creativa se puede tardar bastante y que se requiere de mucho tiempo y arduo trabajo por parte de todos los miembros del equipo si desean salir con una alternativa nueva o conjunta para su conflicto actual.

Los cinco pasos de la colaboración creativa

Cuando los miembros del equipo o las partes en conflicto deciden usar la colaboración creativa, necesitan seguir los pasos descritos en la figura 19-2.

Veamos estos cinco pasos en forma más detallada.

Paso 1: Exprese su punto de vista sobre el conflicto e invite a los otros miembros del equipo a hacer lo mismo

Los miembros del equipo tienen la oportunidad de presentar sus puntos de vista sobre el conflicto. Deben presentar su parte del conflicto usando datos, documentos de apoyo, experiencias pasadas, opiniones de otros, hechos, información, etc. Todo eso corrobora sus puntos de vista. Cuando todos los lados del conflicto estén presentando sus argumentos, los demás deben estar dispuestos a escuchar y a asegurarse de entender todo. Recuerde, en la colaboración creativa todos los lados han acordado estar allí y desean que todos salgan ganando. Todos están interesados en hallar una solución excelente a su problema común. Así pues, criticar o ridiculizar la intervención o la opinión de un compañero de la otra fracción del conflicto nunca debe formar parte de la colaboración creativa.

Figura 19-2. Modelo de colaboración creativa

1. Exprese su punto de vista sobre el conflicto e invite a los demás miembros del equipo a hacer lo mismo.

2. Exprese todo lo que piensa.

3. Vea el conflicto desde la perspectiva de la otra persona.

4. Acepte, en términos específicos, en qué consiste el problema o la posibilidad.

5. Enfóquese en el futuro.
   —Genere soluciones (fluidez).
   —Evalúe soluciones (elaboración).
   —Seleccione e implemente una solución.
   —Evalúe los resultados.

Paso 2: Exprese todo lo que piensa

A menudo lo que hay detrás de muchos conflictos son otras inquietudes o asuntos, además de lo que se está expresando abiertamente. Muchas veces la personalidad, las percepciones, los valores, las creencias, las diferencias de estilo de trabajo, los métodos para hacer el trabajo, etc., están en la raíz del conflicto. Es imperativo que los miembros del equipo digan a la otra parte exactamente qué es lo que los está molestando o inquietando, aun si no es central al conflicto expresado.

Paso 3: Vea el conflicto desde la perspectiva de la otra persona

En este punto todas las partes resumen lo que han dicho los otros y a la vez son comprensivos con los puntos de vista opuestos. Solamente hasta que todas las partes puedan hacer esto podrán avanzar hacia una solución de mutuo beneficio. He observado que los miembros de los grupos de trabajo o de los equipos en desarrollo tienen dificultad para escucharse unos a otros y para comprender otras perspectivas. Los administradores sin experiencia también son culpables de ese comportamiento. Pienso que la mayoría estamos tan interesados en hablar de nosotros mismos o tan concentrados en nuestras propias agendas que nos parece muy difícil realmente ver otros puntos de vista. Se necesita mucha práctica y apoyo para que un miembro de equipo pueda ver un conflicto desde la perspectiva de otra persona y los administradores sin experiencia necesitan ayudar a sus equipos a adquirir esta importante destreza.

Paso 4: Acepte, en términos específicos, en qué consiste el problema o la posibilidad

Muchos equipos y administradores que he observado cometen el desatino de diagnosticar el problema o la posibilidad desde el mismo comienzo del proceso de la colaboración creativa y se aferran a ello a pesar de que pudiera no ser el problema verdadero. Es mejor discutir primero el conflicto en detalle y luego plantear cuál es el verdadero problema. Al hacer esto, todos los lados tendrán una imagen mucho más clara de qué se trata el conflicto en realidad.

Algunos administradores y miembros de equipo se enredan en el asunto de si deben emplear el término *problema o posibilidad*. Muchos administradores opinan que es muy importante ser positivos y nunca quieren emplear la palabra *problema*. Prefieren más bien *posibilidad*. Para mí, cualquiera de las dos sirve. ¡Yo creo que un equipo que es capaz de dedicarse a un proceso de colaboración creativa ya está siendo sumamente positivo!

Paso 5: Enfóquese en el futuro

Es importante discutir los antecedentes del conflicto; qué lo causó y las diferentes perspectivas al respecto. Pero como administrador sin experiencia, debe hacer que los miembros de su equipo eviten caer en el juego de la culpa o se enfoquen en el pasado. Su meta es llevarles a resolver el conflicto. Haga que aprendan del pasado pero se enfoquen en el futuro. Este último paso de la colaboración creativa, enfocarse en el futuro, consta de cuatro partes: generar soluciones, evaluar las soluciones sugeridas, seleccionar e implementar una solución, y luego evaluar qué tal funcionó dicha solución para resolver el conflicto.

Genere soluciones

La idea aquí es obtener tantas soluciones de todo el mundo como sea posible. Esto no tiene que hacerse en una reunión. Muchos equipos de alto desempeño publican el problema (o posibilidad) en una pared, un cartel de anuncios o lo hacen electrónicamente. Luego, durante el transcurso de la semana, por ejemplo, todos pueden publicar o escribir sugerencias. Esto le da tiempo a la gente para pensar y salir con respuestas que tal vez no habrían pensado durante una rápida sesión de intercambio de ideas.

Evadir la típica sesión de intercambio de ideas (de la cual se abusa con frecuencia o no se usa bien) también ayuda a los individuos que no se sienten cómodos con ella. Ellos pueden necesitar tiempo para pensar antes de poder generar soluciones en el momento. Hay un dicho antiguo que dice algo así como: «Algunas personas piensan para hablar y otras hablan para pensar». Creo que los administradores y los directores de equipos necesitan recordar esta expresión a menudo. Igualmente, no permita que la fase de generar soluciones prosiga interminablemente. Fijar un plazo, digamos una semana, es importante o si no este proceso se puede eternizar.

No desestime las soluciones descabelladas o poco comunes. En realidad, debería fomentarlas enfáticamente. Con frecuencia, las mejores soluciones al conflicto proceden de allí. Y tenga cuidado de no permitir que sus equipos se detengan en la primera sugerencia, a pesar de que suene magnífica en el momento. A lo mejor la séptima o la undécima sugerencia sea la que funcione mejor para ellos.

Evalúe las soluciones

Cuando pase la semana y haya anotado todas las sugerencias, es hora de evaluar las soluciones presentadas. Los miembros del equipo (a estas alturas las partes en conflicto habrán unido fuerzas y es imposible distinguir quién estaba en cuál lado) examinan la viabilidad de cada sugerencia. Esta es la parte más difícil del proceso de la colaboración y la mayoría de los equipos, incluso los autónomos, podrían necesitar su ayuda o la de un miembro externo del equipo.

Seleccione e implemente una solución

Ahora el equipo o las partes previamente en conflicto escogen una solución que cuente con el respaldo pleno de todos y desarrollan un plan de acción para implementarla. El equipo o las partes previamente en conflicto también pueden fusionar varias soluciones diferentes. Una vez que se haga esto, los miembros del equipo desarrollan un plan de acción para poner en práctica dicha solución.

Evalúe los resultados

La evaluación de resultados a menudo es una parte descuidada en la colaboración creativa. El propósito es determinar qué tal funcionó la solución; si en efecto así fue, celébrelo. Si no, determine por qué no, y vuelva a planificar. Los miembros del equipo en conflicto tal vez tengan que pasar de nuevo por el proceso de colaboración. Usted o ellos podrían llegar a comprender que la colaboración no va a funcionar y que uno de los otros cuatro métodos para resolver conflictos es apropiado.

Conclusión

En esta parte del libro nos hemos enfocado en cómo tratar y encargarse de situaciones difíciles con su equipo. Siempre tendrá que enfrentar este tipo de situaciones, así que esté preparado para ellas. Siempre habrá equipos o miembros de equipo que no cumplen con su deber; cuando ocurra eso, responsabilícelos. Tenga en cuenta que los equipos pueden adoptar personalidades difíciles y uno debe notarlas inmediatamente y tratarlas. Esté consciente de que usted, el jefe de equipo, puede tener comportamientos difíciles que su equipo podría adoptar. Necesita buscar opiniones para saber qué impresión está dando.

Una parte natural del trabajo en equipo incluye los conflictos. Estos pueden ser buenos; si lo son, foméntelos. Pero cuando los conflictos se vuelven improductivos, deben ser resueltos. Existen cinco formas distintas para resolver conflictos y todas funcionan. Uno sólo tiene que saber cuál método funcionará mejor en cada situación y con los miembros del equipo afectados por ella. Finalmente, cuando surja la oportunidad y piense que sus equipos están listos para ello, enséñeles o ayúdeles a resolver sus conflictos por sí mismos para que propongan soluciones de beneficio para todas las partes del conflicto, especialmente para la organización. Cuando ocurra un conflicto, haga que empleen los cinco pasos de la colaboración creativa.

A continuación sigue la quinta parte del libro. En ella se describen varias actividades para la formación de equipos que ayudarán a sus equipos a transformarse en equipos de alto funcionamiento y alto rendimiento.

QUINTA PARTE

ACTIVIDADES PARA LA FORMACIÓN DE EQUIPOS

20

LA FORMACIÓN DE EQUIPOS COMO UN PROCESO CONTINUO

COMO HE ESTADO diciendo a lo largo de todo el libro, los administradores y los líderes de equipo necesitan apartar tiempo para formar un equipo; también deben reconocer que este proceso toma tiempo, que puede demorar muchos meses. Yo estimo que, en promedio, toma de diez a quince meses llevar un equipo del nivel de desarrollo al de alto desempeño.

Formar equipos no significa enfocarse únicamente en las destrezas técnicas de sus miembros, las cuales, evidentemente, son decisivas para el éxito de un equipo. El desarrollo de dichas destrezas es una labor importante en la que el administrador sin experiencia debe estar muy interesado. La formación de equipos también destaca las destrezas de equipo, destrezas que tienen que ver con trabajar juntos. ¿Cómo se están comunicando entre sí los miembros del equipo? ¿Se están apoyando unos con otros? ¿Pueden y están asumiendo todos los roles de proceso y de tarea? ¿Qué nivel de confianza tienen los miembros del equipo? Las destrezas de equipo también son esenciales para que un equipo llegue a ser de alto desempeño.

Actividades para la formación de equipos que usted puede hacer

Las siguientes son actividades para la formación de equipos que un administrador sin experiencia o cualquier administrador puede hacer con sus equipos de trabajo, sin tener ninguna preparación especial. Estas actividades ayudan a facilitar el desarrollo

117

del equipo y ayudan a darle cohesión. Estas actividades han sido bien recibidas por la abrumadora mayoría de equipos donde las he usado. Yo las he usado en innumerables ocasiones. No se limite a las que menciono en este libro; existen muchas más.

He descrito con cierto detalle cómo conducir cada una de estas actividades. El administrador sin experiencia o líder de equipo puede conducirlas tal como están descritas aquí o puede adaptarlas al ambiente específico de su equipo o la organización.

El asunto es llevarlas a cabo. Las actividades para la formación de equipos pueden ser hechas en tiempos separados, tales como retiros, reuniones habituales de equipo o como parte de la instrucción formal sobre el tema que brinda la organización a los equipos y los líderes. Para ser honesto, generalmente funcionan mejor en las sesiones de formación de equipos o fuera de la empresa, que en las reuniones habituales de equipo.

Como ya mencioné, siempre animo a los administradores a llevar sus equipos de trabajo fuera de la empresa durante medio día o un día entero, dejando pasar unos meses entre una y otra salida. Son momentos perfectos para la formación del equipo. Teniendo en cuenta la agenda, siempre es mejor no incluir demasiado en cuanto al trabajo técnico real que hace el equipo. El enfoque sólo debe estar en la dinámica de equipo y en cómo hacer que el equipo funcione aun mejor.

Cada actividad que sigue contiene:

- Cuándo usar dicha actividad
- El objetivo de la actividad
- El tiempo estimado para dicha actividad
- Los materiales necesarios
- Una descripción de cómo dirigirla
- Evaluación de la enseñanza clave de la actividad

Las notas recordatorias autoadhesivas

Cuándo usarlas

Haga este ejercicio cuando el equipo se encuentre en sus primeras etapas de desarrollo, cuando no haya suficiente comunicación entre los integrantes del equipo, o cuando el equipo se haya vuelto demasiado serio o demasiado orientado al trabajo.

Objetivo

El propósito de las notas recordatorias autoadhesivas es hacer que los miembros del equipo se sientan más cómodos para relacionarse unos con otros de una manera informal y se sientan más relajados cuando estén trabajando juntos. Este rompehielos ayudará a los miembros interdependientes del equipo a trabajar más eficazmente, porque cuando los integrantes de un equipo se conocen un poco unos a otros, tienden a trabajar juntos más productivamente.

Tiempo

Más o menos cuarenta minutos, dependiendo del tamaño del grupo. Tome unos diez minutos para la distribución de las notas recordatorias y para escribir los datos, veinte minutos para las rondas y diez para la evaluación.

Materiales

Paquetes de notas recordatorias autoadhesivas, bolígrafos y lápices.

Descripción

Pida que el equipo se siente alrededor de una mesa o en sofás y sillas, acomodados de manera informal. Reparta paquetes de notas recordatorias autoadhesivas de todos los colores. Pida que la gente tome tantas como quiera (la mayoría toman de dos a cinco). Luego pida que cada persona cuente el número de notas recordatorias autoadhesivas que tiene. Luego diga: «Cada nota representa algo acerca de usted y de lo cual está muy seguro que ninguno de los demás conoce hasta el momento». Pida que los miembros del equipo escriban la información en sus notas recordatorias. La información puede ser algo relacionado con uno de sus trabajos anteriores, algo de interés personal, una asignatura favorita del colegio, una comida predilecta, etc. Recalque que no deben mencionar algo que no quieran. (La idea no es hacer que revelen los pensamientos, secretos, pasiones y sentimientos más íntimos.) Pídales priorizar sus datos, dejando en primer lugar el que crean que es más fascinante. Luego dirija dos o tres rondas en las cuales cada miembro lee un dato de sus notas.

Lo que sucede con frecuencia durante esta actividad es que el equipo, cuando da con alguna información que le parece interesante, comienza a conversar de ella. Nunca he visto un miembro de algún equipo que no haya sido capaz de resultar al menos con un dato. Anime a cualquier integrante del equipo a agregar cosas a sus notas recordatorias mientras se desarrolla el ejercicio, si sólo pudo pensar en un solo dato. Dígales a todos que los asuntos que ya han sido mencionados pueden ser repetidos. A los miembros del equipo que resulten con muchos datos, pídales priorizar unos pocos.

Existe una modalidad que tal vez quiera intentar. Después que todos hayan escrito información en sus notas recordatorias, recójalas y léalas en voz alta, una por una, y pida que los integrantes del equipo adivinen quién la escribió y digan por qué creen eso. Al final, la persona que escribió la nota recordatoria revela su identidad.

Evaluación

Al concluir la actividad haga estas preguntas al equipo: ¿Cuál fue el propósito de la actividad? ¿Tienen ahora una mejor comprensión de quiénes son sus compañeros de equipo? ¿En qué manera esta actividad les ayudará a trabajar más eficazmente como equipo? ¿Hay alguien que retuvo información que hubiera querido compartir y le gustaría hacerlo ahora? ¿Hubo alguna información acerca de un compañero que realmente le sorprendió? ¿Por qué le sorprendió?

El juego de la originalidad

Cuándo usarlo

El juego de la originalidad puede ser usado con cualquier equipo de trabajo para imprimirle una experiencia creativa. Es particularmente provechoso cuando un equipo necesita ser más creativo, cuando el trabajo del equipo se está volviendo repetitivo o cuando un equipo necesita escaparse de la rutina diaria y quizás hallar una forma de hacer su trabajo más interesante.

Objetivos

El juego de la originalidad tiene cuatro objetivos. El primero es ver cuán creativo puede ser un equipo. El segundo objetivo es demostrar a los miembros del equipo que pueden ser creativos. El tercer objetivo es llevar al grupo a discutir cuál fue su proceso para ser creativos y hacer que comparen ese proceso empleado en el juego con los procesos que emplean en sus situaciones reales del trabajo. Y el último objetivo es hacer que los miembros del equipo reflexionen en su dinámica de equipo. Es decir, qué tal fue la comunicación, quiénes participaron, quiénes no, si la meta fue clara, si el equipo tuvo roles y responsabilidades claras, quién asumió los roles de proceso y de tarea, etc.

Tiempo

Cuarenta y cinco minutos: cinco minutos para las instrucciones; veinte minutos para el desarrollo del juego; cinco minutos para realizar los juegos (si ha dividido el equipo en equipos más pequeños); y quince minutos para la evaluación.

Materiales

Cualquier objeto del salón o de las personas del equipo. O puede llevar cualquier tipo de suministro o recurso.

Descripción

Diga a los miembros del equipo que tienen que desarrollar un juego competitivo original que dos o más personas o equipos puedan jugar empleando los materiales que tienen encima de sus mesas. (En lugar de mesas puede decir escritorios, objetos personales, del piso o una combinación de ellos.) Dígales que el juego no tiene que ser radicalmente diferente de alguno que ya exista, pero que deber tener algún aspecto original o exclusivo.

Usted no puede imaginar cuán creativos pueden ser sus equipos con objetos de la vida cotidiana. El juego de la originalidad también funciona bien si divide su equipo en equipos más pequeños y hace una competencia. Si va a hacer esto, necesita establecer categorías para las competencias. Dichas categorías pueden ser: nivel de diversión y emoción del juego; instrucciones claras, sencillas y comprensibles; el costo y la facilidad para elaborar el juego; originalidad, etc. Yo recomiendo escoger tres categorías.

Si hace la competencia, necesitará un juez para escoger el ganador de cada categoría y el vencedor general. El juez puede ser alguno de los miembros del equipo que no participen en la competencia, el gerente del equipo o alguien que no sea del equipo. Pida que los dos equipos decidan de antemano qué obtendrá el equipo ganador. El premio debe ser algo simbólico como una ovación ferviente, la ola o servirles café durante los próximos días. Y si divide su equipo en grupos más pequeños, permita que hagan la prueba con cada juego antes de empezar a calificar. Además, si cree que el equipo ha hecho un gran trabajo con su juego (cuando el equipo no haya sido dividido) puede invitar a personas de fuera a jugarlo. Esta acción eleva la confianza y la unidad del equipo.

Evaluación

Después que los jueces designen los ganadores, haga al equipo algunas preguntas como: ¿Piensan que fueron creativos e innovadores al desarrollar su juego de la originalidad? ¿Cuáles fueron algunos factores clave que contribuyeron a su creatividad? ¿Son ustedes igual de creativos en el trabajo? Si no, ¿cuáles son algunos de los obstáculos para la creatividad en el trabajo y cómo podemos reducir su efecto? ¿Cómo les parece que trabajó junto el equipo? ¿Funcionan de la misma manera en el trabajo? ¿Por qué?

Un problema real

Cuándo usarlo

Haga este ejercicio cuando el equipo no esté tratando o confrontando los problemas reales que están frenando su progreso.

Objetivo

Este ejercicio identifica y analiza los obstáculos que está experimentando el equipo actualmente, aplica un método de resolución de problemas para dichos obstáculos y da a los equipos la oportunidad de tomar decisiones. Este ejercicio también introduce una modalidad novedosa de intercambio de ideas.

Tiempo

Cuarenta minutos: quince minutos para identificar los problemas reales y veinticinco para resolver uno de ellos. Los plazos de tiempo son sólo sugerencias. Usted es quien mejor conoce a su equipo.

Materiales

Un caballete y un rotafolio o pizarras blancas con marcadores.

Descripción

Pida que el equipo haga un intercambio de ideas en cuanto a los problemas que están enfrentando o experimentando en el momento. Puede usar el método tradicional de lluvia de ideas o un método conocido como intercambio de ideas escritas. En este, cada miembro del equipo recibe una pila de tarjetas y escribe tantos problemas como pueda, uno en cada tarjeta.

Luego todos pasan sus tarjetas a la derecha o la izquierda, una a la vez. Cualquier tarjeta que reciban podría generar una idea adicional para escribirla. El intercambio de ideas escritas se hace en un silencio relativo; es decir, los miembros del equipo no hablan de lo que están escribiendo. Reúna todas las tarjetas y publique las respuestas. El intercambio de ideas escritas funciona mejor que la lluvia de ideas cuando piense que tiene algunos miembros del equipo que no estarán dispuestos a ventilar verbalmente los problemas del equipo.

Una vez que se complete la lista, los miembros del equipo deciden cuál problema desean discutir y tratar de resolver en el momento. Ellos pueden decidir cuál al priorizar los problemas y elegir el más difícil, o pueden elegir uno que sea de menor importancia pero que, si lo resuelven, le daría al equipo un impulso. Si no pueden decidir, pídales elegir uno al azar para trabajar en él. Es mejor que evite escoger el problema o facilitar la discusión, aun si ellos están en el nivel de desarrollo. Dos ejemplos de problemas típicos que los equipos plantean son el incumplimiento de las fechas límite y las reuniones de equipo que no marchan bien.

Para que el juego del problema real funcione, se debe enseñar al equipo el método para resolver problemas. Usted también debe estar preparado para darle al equipo algunos parámetros sobre cuál decisión tomar y luego permitir que decidan cómo resolver el problema.

Evaluación

Haga las siguientes preguntas al equipo: ¿Piensan que fuimos honestos al enumerar nuestros problemas o asuntos, o piensan que hay otros, quizás aun más importantes, que no salieron a la luz? Si es así, digan cuáles. ¿Trabajamos juntos todos para resolver el problema seleccionado? Den ejemplos de cómo lo hicimos. ¿Cómo podemos mejorar el proceso de nuestra lluvia de ideas (o de intercambio de ideas escritas)? ¿Están contentos con la solución dada a nuestro problema? ¿Por qué?

Líderes famosos

Cuándo usarlo

Haga este ejercicio cuando los miembros del equipo ingresen a los roles de liderazgo de equipo y necesiten saber qué comportamientos de liderazgo son apropiados y cuáles no.

Objetivo

El objetivo de este ejercicio consiste en identificar los comportamientos eficaces de liderazgo que el equipo considere que sus miembros necesitan cuando asuman roles de liderazgo de equipo o comportamientos que los líderes deberían evidenciar. Esto también permite que los miembros del equipo reflexionen en sus propios comportamientos de liderazgo actuales.

Tiempo

Aproximadamente treinta minutos, dependiendo del tamaño del equipo.

Materiales

Piezas de cartulina, cuerda, cinta adhesiva.

Descripción

Pida que cada miembro del equipo piense en un líder bien conocido que ellos crean que es o fue muy bueno. El líder tiene que ser bien conocido por todos ellos. Puede ser de cualquier campo de la vida: político, empresarial, de la cultura popular, etc. Cada persona debe escribir luego el nombre de esa persona famosa en una pequeña cartulina.

Pida que cada uno de ellos coloque su letrero de cartulina en la espalda de otro miembro del equipo. Asegúrese de que la persona que recibe el letrero no vea el nombre del líder escrito en él. El letrero de cartulina debe tener una cinta o una cuerda atada a él para que el miembro del equipo pueda «usarlo» durante la actividad. Si alguno de ellos no puede pensar en el nombre de algún líder para escribirlo, tenga a mano una lista de nombres. Por ningún motivo dé la impresión a ese miembro del equipo de que la lista contiene nombres de líderes que usted cree que son excelentes. Explíquele que sólo es una lista de nombres que algunas personas pondrían en la categoría de buenos líderes.

Cuando todos los miembros del equipo tengan nombres en sus espaldas, déles la oportunidad de leer en las espaldas de los demás. Luego haga que el grupo se reúna en un círculo. Y una a una, cada persona del grupo haga cinco preguntas en cuanto al líder de su espalda, con el fin de adivinar la identidad de esa persona. Dicha persona sólo puede hacer preguntas cuyas respuestas sean sí o no. Si después de hacer las cinco preguntas no puede adivinar la identidad de ese líder, entonces el equipo le dice el nombre. Dé a cada uno una oportunidad para jugar.

Evaluación

Haga las siguientes preguntas al grupo: ¿Está de acuerdo con que la persona escrita en su espalda es un buen líder? En caso afirmativo, ¿qué características hicieron o hacen de esa persona un buen líder? De esas características, ¿cuáles aporta usted al equipo cuando desempeña un rol de liderazgo?

Mientras todos responden las preguntas, haga una lista de los comportamientos de liderazgo que el equipo admira. En futuras reuniones de equipo o en sesiones de formación de equipos usted podrá hacer referencia a la lista y preguntarle al equipo cómo sigue en cuanto a esos comportamientos de liderazgo.

Continúe la evaluación con estas preguntas: ¿Qué comportamientos de liderazgo hemos identificado que en el momento no se ponen de manifiesto en nuestro equipo y que serían de gran valor para nosotros si se utilizaran más? ¿Qué comportamientos de liderazgo hemos identificado que ya no sean necesarios para los miembros del equipo que tengan una función de liderazgo? ¿Cómo se sintieron haciendo este ejercicio? ¿En qué manera ha ayudado a desarrollar nuestro equipo?

La temperatura del equipo

Cuándo usarlo

Haga este ejercicio continuamente en todos los niveles del desarrollo de los equipos para determinar si todos los miembros del equipo y el líder están de acuerdo en cómo van en cuanto al espíritu de equipo.

Objetivo

Este ejercicio hace que los miembros y el líder califiquen a su equipo de trabajo en cuanto a las cinco claves para desarrollar un espíritu de equipo. También permite que el líder y los miembros hablen acerca de cómo necesita cambiar el equipo.

Tiempo

Sesenta minutos, incluyendo la discusión.

Materiales

Cuestionario de la temperatura del equipo y tarjeta de puntuación.

Descripción

Explique al equipo que usted quiere saber qué opinan ellos en cuanto a qué tan bien están evidenciando las cinco claves para tener un espíritu de equipo: roles y responsabilidades claramente definidas, comunicación franca y honesta, un administrador experto y que apoya, autoridad para tomar decisiones, y recompensas y reconocimiento.

Primero, pida que los miembros del equipo respondan por sí mismos el cuestionario de la temperatura del equipo. Una vez que todos hayan hecho eso, comente los resultados y haga que entablen una discusión sobre las calificaciones de cada una de las cinco claves. Ellos pueden llenar el cuestionario en forma anónima o usted puede pedir que pongan sus nombres. Esa decisión depende del nivel de confianza que tenga el equipo en el momento. Si es muy alto, los miembros del equipo podrán hablar abiertamente y usted podrá hacer que respondan el cuestionario juntos o en forma individual con sus nombres en él; sin embargo, si aún no hay mucha confianza, es mejor que no pida que escriban sus nombres para obtener resultados más precisos.

He incluido una muestra de un cuestionario para la temperatura del equipo. Tal vez quiera agregar o borrar puntos de él para que sea más aplicable a su equipo. Sume los puntajes usted mismo o junto con el equipo, o permita que uno o dos miembros del equipo lo hagan. Luego viene la parte más importante de la actividad, la discusión de los resultados y lo que usted y el equipo pueden hacer en caso de que dichos resultados no estén a la altura.

Cuestionario de la temperatura del equipo

Esta encuesta mide sus opiniones en cuanto a cómo va nuestro equipo con relación al espíritu de equipo. Usando la escala de abajo, encierre con un círculo el número que corresponda a su valoración de cada enunciado con respecto a su equipo. Sume los puntos de cada sección y coloque los resultados en los espacios indicados. Un puntaje de veinticinco es lo máximo por cada categoría. El puntaje máximo total es de 125.

Escala

5—Absolutamente cierto
4—Generalmente cierto
3—Un tanto cierto
2—Casi nunca
1—Nunca

Roles y responsabilidades claramente definidas

1. Todos saben cuál es su función.   5 4 3 2 1
2. Todos conocen y entienden el papel del equipo.   5 4 3 2 1
3. Los miembros del equipo entienden cómo encajan sus
   roles en las metas del equipo.   5 4 3 2 1
4. Todos conocen los roles y responsabilidades
   de los demás en el equipo.   5 4 3 2 1
5. Tener funciones claras es importante para un equipo.   5 4 3 2 1

Puntaje de roles y responsabilidades: _____

Comunicación franca y honesta

6. Nuestro líder constantemente nos informa cómo vamos
   en el cumplimiento de nuestras metas.   5 4 3 2 1
7. Trabajamos juntos para fijar metas claras, factibles
   y apropiadas.   5 4 3 2 1
8. Si el equipo no alcanza su meta, nos interesa más averiguar
   por qué fallamos que culpar a los compañeros.   5 4 3 2 1
9. Hablamos con los miembros del equipo que nos parece
   que no están haciendo su parte.   5 4 3 2 1
10. Nuestro líder de equipo es receptivo a nuestras opiniones.   5 4 3 2 1

Puntaje de la comunicación: _____

Un administrador experto y que apoya

11. El administrador tiene suficientes conocimientos
    técnicos y experiencia para guiarnos en nuestros esfuerzos.   5 4 3 2 1
12. El administrador desarrolla todas nuestras destrezas y
    comprende nuestras necesidades.   5 4 3 2 1
13. El jefe de nuestro equipo trata de darnos el crédito
    por el trabajo y no se lo apropia.   5 4 3 2 1
14. Nuestro administrador nos mantiene al corriente a todos
    en cuanto a lo que sucede en la organización.   5 4 3 2 1
15. El administrador es respetado en la empresa.   5 4 3 2 1

Puntaje del administrador: _____

Toma de decisiones

16. Las personas de fuera del equipo describirían nuestra
    forma de tomar decisiones como productiva y constructiva.   5 4 3 2 1
17. Trabajamos juntos para tomar decisiones en vez de ignorarlas. 5 4 3 2 1
18. El equipo anima a cada persona a ser franca y honesta,
    aun si tienen que compartir información que vaya en
    contra de lo que el equipo quisiera oír.   5 4 3 2 1
19. Nuestro equipo cree que todos tenemos algo de valor para
    contribuir en los debates del equipo y que nuestras
    opiniones son de suma importancia para el éxito del equipo. 5 4 3 2 1
20. La toma de decisiones por consenso es muy buena.   5 4 3 2 1

Puntaje de la autoridad para tomar decisiones: _____

Recompensas y reconocimiento

21. El equipo tiene las competencias y la motivación que necesita
    para lograr ser recompensado por sus esfuerzos.   5 4 3 2 1
22. Las recompensas del equipo tienen sentido para todo el equipo. 5 4 3 2 1 1
23. Existe buena concordancia entre las capacidades de los
    miembros del equipo y el reconocimiento que reciben.   5 4 3 2 1
24. Entendemos claramente qué tiene que hacer el equipo
    a fin de ser recompensado y reconocido.   5 4 3 2 1
25. Los miembros del equipo se dan reconocimiento mutuo.   5 4 3 2 1

Puntaje de recompensas y reconocimiento: _____

Instrucciones para la puntuación

Promedie los puntajes de los miembros del equipo en cada una de las cinco áreas clave. Escriba dichos promedios en la primera columna de la tarjeta de puntuación. Luego llene los puntajes del líder del equipo y la diferencia entre los puntajes del equipo y el líder. Un puntaje de 20-25 en cualquier categoría es casi perfecto, y una señal de que es un asombroso equipo de alto desempeño. Un puntaje de 16-19 indica que el equipo va bien en esa categoría pero puede mejorar. Un puntaje de 12-15 indica que el equipo está en el modo de desarrollo, y un puntaje por debajo de 12 indica problemas profundos en el funcionamiento del equipo.

Evaluación

Sostenga una amplia discusión sobre lo que indican los puntajes. Luego haga unas preguntas. ¿Qué áreas debemos mejorar? ¿Cuáles son nuestras fortalezas? ¿Cómo analizarían cualquier brecha entre el líder y el equipo? ¿Qué otros asuntos, no mencionados en la encuesta, son puntos delicados para nosotros?

TARJETA DE PUNTUACIÓN DE LA ENCUESTA

Cinco claves para un espíritu de equipo	*Resultados de los miembros del equipo*	*Resultados del líder*	*Diferencia*
Roles y responsabilidades			
Comunicación franca y honesta			
Un administrador que apoya			
Autoridad para tomar decisiones			
Recompensas y reconocimiento			
Total			

El cuadrado ciego

Cuándo usarlo

Use el cuadrado ciego para destacar la importancia de una comunicación de equipo y un liderazgo eficaces, y cuando un equipo tenga dificultades de comunicación o de liderazgo.

Objetivo

En este ejercicio los miembros del equipo viven un proceso de comunicación y luego relacionan esa experiencia con la forma en que el equipo se comunica habitualmente. Los miembros del equipo adquieren una comprensión de lo que implica una comunicación de equipo eficaz.

Tiempo

Sesenta minutos: diez minutos para preparar al equipo; veinticinco para la actividad y veinticinco para la discusión.

Materiales

Tarjetas, una soga de treinta metros y un pañuelo (venda) por persona.

Descripción

El cuadrado ciego es el mejor ejercicio para la formación de equipos que yo haya usado alguna vez. La comprensión que adquieren de él los miembros de los equipos es extraordinaria y continuarán haciendo alusión a él durante meses. Este ejercicio muestra realmente las fortalezas y las deficiencias de la comunicación actual del equipo. Sólo hay un asunto que podría preocuparle a la hora de usarlo: se necesita un gran espacio interior o exterior para hacerlo. El tiempo perfecto para llevar a cabo esta actividad sería al estar fuera de la empresa.

Hay dos cosas que debe hacer para prepararse para la actividad. Primero, designe al menos a un miembro del equipo como observador, él será quien dé sus opiniones después que termine la actividad. Pida que esa persona también evalúe la actividad. En segundo lugar, prepare siete tarjetas de 13 x 18 centímetros. Escriba uno de los siguientes puntos en cada tarjeta, con letras muy claras y grandes:

- La soga debe estar completamente extendida.
- La soga tiene treinta metros de longitud.
- Todo mundo debe tener al menos una mano en la soga cuando terminemos.
- Tenemos que formar un cuadrado perfecto.
- El tiempo límite es de veinticinco minutos.
- Se deben usar las vendas hasta que se termine; no se permite mirar.
- Alguien va a estar cuidándonos, así que no se preocupen por caídas o por su seguridad.

Lleve al equipo de trabajo al espacio donde va a realizar esta actividad de formación de equipos. Dígales que van a participar en una actividad que les revelará mucho en cuanto a cómo se comunican y se comportan los equipos. No revele ninguna información adicional. Entregue las tarjetas a siete miembros diferentes del equipo y dígales que deben memorizar lo que hay en ellas. Déles treinta segundos para leer sus tarjetas y luego recójalas. Luego pida al equipo que se pongan sus vendas; dígales que no se preocupen por su seguridad porque alguien (quizás usted) va a vigilar cada movimiento de ellos.

Averigüe de antemano si alguien se siente incómodo con la venda, usted puede hacer que esa persona se encargue del rol de observador. Algunas personas tendrán anteojos. Recójalos o pida que se los pongan encima de las vendas (una gran ocasión para tomar fotos). Después que todos estén vendados, entregue a un miembro del equipo la soga. Luego no diga nada más durante la actividad, excepto para informar cada cinco minutos o algo así cuánto tiempo les queda, o si nota que hay preocupación por la seguridad o una venda mal puesta.

Lo que a menudo ocurre después (aunque desafortunadamente he visto que algunos equipos nunca lo hacen) es que los miembros del equipo que tienen las tarjetas le dicen a todo el mundo lo que fue escrito en ellas (nunca les diga que hagan esto). Usted quedará verdaderamente fascinado al ver la forma en que el equipo resuelve el problema de hacer un cuadrado perfecto, sin poder ver.

Usted o uno de los observadores necesita estar alerta para evitar accidentes. Sugiero que use un espacio que no tenga obstáculos y con un piso plano. Además, el espacio debe ser tan privado como sea posible, sin ninguna persona «de fuera» observando. Las personas de fuera harán que el grupo se sienta muy incómodo, bien sea durante o después de la actividad, o en ambas ocasiones.

Usted puede ser un poco flexible con el tiempo. Por ejemplo, si el equipo parece que va a lograrlo y sólo quedan dos minutos, puede preguntarles que si quieren otros cinco minutos adicionales.

Cuando se cumpla el tiempo, dígales que se quiten sus vendas para que puedan ver los resultados. Habrán cumplido su tarea del cuadrado ciego si logran formar un cuadrado perfecto (no tiene que ser cien por ciento perfecto), todos los miembros del equipo deben tener al menos una mano en la soga, que debe estar totalmente extendida. Déle al equipo unos minutos para hablar entre ellos o con todo el grupo, antes de la evaluación. Probablemente van a estar muy emocionados y la mayoría tendrá mucho que decir antes de poder concentrarse en preguntas específicas.

Evaluación

Las evaluaciones son siempre muy importantes y la de esta actividad será una experiencia enriquecedora para el equipo. Sugiero comenzar esta sección con una ronda. Pida que cada miembro del equipo diga lo que quiera en cuanto al ejercicio. Luego pida que el o los observadores hagan sus comentarios sobre lo que notaron. Luego haga las siguientes preguntas (si aún no han sido discutidas). Estas preguntas son sólo a modo de sugerencia. Basado en la actuación del equipo, probablemente usted tendrá preguntas adicionales o diferentes.

- ¿Qué dio resultados para el equipo y qué no?
- ¿Sienten todos que participaron? Si no, ¿por qué?
- ¿Qué tal fue el liderazgo? ¿Quién fue el líder? ¿Fue eficaz?
- ¿Cómo fue la comunicación? ¿Fue efectiva? ¿Qué podría haber hecho en forma diferente?
- Compare la comunicación que hubo durante la actividad con la comunicación del equipo durante las horas de trabajo normales, ¿cuáles son las diferencias?
- ¿Qué aprendió del cuadrado ciego que mejorará nuestro trabajo conjunto?
- ¿Qué aprendió en este ejercicio con relación a la dinámica de equipo?
- ¿Qué descubrimientos hizo con respecto a sí mismo en este ejercicio?

Conclusión

He compartido muchas actividades para la formación de equipos que usted puede probar con los suyos. Sus equipos hallarán que estos ejercicios son divertidos y estimulantes. También pueden ser un poco arriesgados. Es decir, los miembros del equipo revelarán cosas de sí mismos que tal vez no hayan expresado antes y podrían recibir comentarios que tal vez no quieran aceptar. Es importante que les explique por qué está haciendo estos ejercicios. Además, haga una evaluación muy detallada después de cada uno. La gente reunirá conocimientos profundos durante el desarrollo de los ejercicios, pero el mensaje o el objetivo de ellos será firmemente implantado durante la discusión y la evaluación.

21

CONCLUSIÓN GENERAL

EL HECHO DE llegar a ser un administrador le dará a usted mucho poder e influencia sobre los equipos que dirige o llegará a dirigir. Usted tiene la opción de decidir cómo usarlo. Puede decidir que va a ser quien mande, el que tome todas las decisiones, dirija y supervise estrechamente a cada uno de los miembros de su equipo. Si administra de esta manera, usando lo que conocemos como el poder posicional, los miembros de su equipo, si es que desean quedarse allí, harán lo que usted diga. El uso de su nuevo poder posicional le dará resultados, pero solamente durante un corto periodo de tiempo. Además, los equipos de alto desempeño rara vez se desarrollan cuando un gestor sólo usa su poder posicional.

Es mejor que use su poder personal. Usted desarrolla este poder con el tiempo, el cual le es concedido por los miembros de su equipo. Cuando uno tiene ese poder, los miembros del equipo harán de buena gana lo que se espera de ellos porque desean hacerlo. Usted conseguirá su compromiso y cambiará sus actitudes para que trabajen duro no sólo para usted o la organización, sino mayormente para sí mismos.

Usted desarrolla el poder personal siendo un administrador con clase. El administrador con clase desea desarrollar sus equipos para que lleguen a ser tan de alto desempeño como sea posible. Los equipos pueden reconocer fácilmente a un gerente que tiene clase.

- El administrador con clase desarrolla un espíritu de equipo al definir claramente roles y responsabilidades, al promover una comunicación franca y honesta, brindando los conocimientos y el apoyo que necesita el equipo, haciendo partícipe al equipo en la toma de decisiones, y recompensando y reconociendo sus logros y resultados.

- El gerente o administrador con clase conoce las diferencias de todas las estructuras de equipo: grupo de trabajo, equipo en desarrollo, equipo participativo y equipo autónomo.
- El administrador con clase usa los tres factores de la vida de equipo para determinar cuál estructura de equipo sirve mejor a las necesidades del equipo.
- El administrador con clase trata de llevar al equipo al nivel más alto de desempeño posible.
- El gerente con clase evita la gestión excesiva y la gestión insuficiente.
- El directivo con clase conoce las condiciones necesarias para desarrollar una organización basada en equipos y sabe que una de dichas condiciones es la actitud del directivo mismo.
- El administrador con clase está dispuesto a desarrollar nuevas destrezas, incluyendo las fundamentales y las de liderazgo.
- El gerente con clase no envía mensajes mezclados en cuanto a la importancia de los equipos y nunca castigaría un equipo que va bien.
- El administrador con clase alcanza la tercera fase del cambio: empezar de nuevo.
- El administrador con clase forma equipos al seguir cuidadosamente los diez pasos para la formación de equipos.
- El gerente con clase preside reuniones eficaces y enseña a otros a dirigir sus propias reuniones efectivas.
- El administrador con clase reconoce que los equipos retroceden y hará todo lo posible para que retomen el curso.
- El administrador con clase responsabiliza a los equipos para que cumplan con su deber.
- El jefe con clase está muy atento a las diferentes personalidades difíciles que pueden asumir los equipos y cuenta con planes de acción específicos para evitar que suceda esto.
- El gerente con clase está consciente de su propio comportamiento y sabe que puede ser perjudicial para el éxito del equipo.
- El administrador con clase reconoce que los equipos y sus miembros tendrán conflictos y acoge el conflicto como algo provechoso para el desarrollo del equipo.
- El directivo con clase sabe cómo y cuándo usar los cinco métodos distintos para lidiar con conflictos.

- El administrador con clase enseña a los equipos el modelo de la colaboración creativa para convertir el conflicto en colaboración.
- El gerente con clase se enfoca constantemente en el perfeccionamiento de la dinámica de equipo y emplea diferentes actividades de equipo para conseguir esa meta.
- El administrador con clase sabe que la formación de equipos es un proceso progresivo y continuo.
- El gerente con clase sabe que uno no «hace» la formación de equipos una sola vez para nunca repetirla.
- El administrador con clase realmente se preocupa por el equipo y entiende que los equipos saben si verdaderamente es así.

Si usted tiene clase, le irá increíblemente bien. Buena suerte.

ÍNDICE

Acerca del Autor

Gary S. Topchik es el presidente de SilverStar Enterprises, una empresa de asesoría, especializada en el desarrollo de administración de empresas, cuyos clientes incluyen AT&T, Dolby Laboratories, Disney, Harmon Becker, Western Digital y Pitney Bowes. Es el autor de *The Accidental Manager* y *Managing Workplace Negativity* y coautor de *Gerente por primera vez*. Vive en Nueva York y Los Ángeles.

9 781602 551268